新时代

加强师德师风建设的
理论模型与实践方略

袁　梅　孟繁华　／ 著

社会科学文献出版社
SOCIAL SCIENCES ACADEMIC PRESS (CHINA)

序

2023年9月9日，习近平总书记致信全国优秀教师代表，对广大教师认真贯彻党的教育方针、践行育人初心使命给予充分肯定，强调广大教师要树立"躬耕教坛、强国有我"的志向和抱负，弘扬教师群体中一批教育家和优秀教师身上所展现出的中国特有的"理想信念、道德情操、育人智慧、躬耕态度、仁爱之心、弘道追求"等教育家精神。这一重要论述赋予了新时代人民教师崇高使命，并为新时代打造高素质教师队伍、推进教育高质量发展、建设教育强国指明了根本方向，提供了基本遵循。

师德师风是评价教师队伍的第一标准，大力加强师德师风建设是打造高质量教师队伍的重中之重，亦是改进新时代教风校风学风的重要手段，更是新时代加强社会道德风尚建设的应有之义。而"中国特有的教育家精神"正是加强师德师风建设的重要引领和关键抓手，二者相得益彰、互为表里。大力弘扬教育家精神，能够进一步树立教师队伍的精神坐标，形成师德师风建设的典型引路效应，并助力中国特色师德师风体系的建立健全。

《新时代加强师德师风建设的理论模型与实践方略》是一部系统总结与评价我国师德师风建设工作，并构建新时代加强师德师风建设理论模型与综合保障体系的专著，对新时代加强师德师风建设具有非常重要的理论和现实意义。该书主要聚焦于"师德师风建设"这一时代议题，通过对新时代加强师德师风建设过程中所蕴含的思想、政策、成就、经

1

验与问题进行全面研究,力争向读者展示我国师德师风建设的全貌。

全书共涵括绪论、中国师德师风建设的历史演变、新时代加强师德师风建设的理论基础、新时代加强师德师风建设的理论模型、新时代加强师德师风建设的现实审视、新时代加强师德师风建设的实践方略、结语等七部分。从历时性的视角,归纳概括我国师德师风建设的多个阶段——多举措明晰师德师风建设工作阶段(1949~1977年)、全方位促进师德师风建设制度化阶段(1978~2011年)与立体化完善师德师风建设体系阶段(2012年至今);从创新性的视角,构建了从初级到高级的"任务—管控—奖惩型"、"规范—管理—绩效型"与"自觉—善治—发展型"兼备的师德建设模型,以及包含"树立和遵守道德规范"、"开启教师道德学习新风尚"与"教师形成道德自觉、师道有序传承"三个阶段的师风建设模型;从综合性的视角,提出了矫正更新师德师风建设观念、分层推进师德师风建设方案、奋力营造师德师风建设空间等实践性策略。

师道立则善人多,善人多则天下治。为加快建设教育强国,希望《新时代加强师德师风建设的理论模型与实践方略》的编纂出版能够为加强教师队伍建设、健全中国特色教师教育体系提供有力支撑,能够为加快建设具有中国特色的加强师德师风建设的自主知识体系提供有益借鉴,真正起到"育新机、开新局"的作用。

是为序!

前　言

　　2023 年，习近平总书记致信出席全国优秀教师代表座谈会的各位老师，"教师群体中涌现出一批教育家和优秀教师，他们具有心有大我、至诚报国的理想信念，言为士则、行为世范的道德情操，启智润心、因材施教的育人智慧，勤学笃行、求是创新的躬耕态度，乐教爱生、甘于奉献的仁爱之心，胸怀天下、以文化人的弘道追求，展现了中国特有的教育家精神"。这一重要论述赋予新时代人民教师崇高使命，并为新时代打造高素质教师队伍、推进教育高质量发展、建设教育强国指明了根本方向，提供了基本遵循。与之同时，习近平总书记在中共中央政治局第五次集体学习时亦强调，"要把加强教师队伍建设作为建设教育强国最重要的基础工作来抓"，"大力培养造就一支师德高尚、业务精湛、结构合理、充满活力的高素质专业化教师队伍"。新时代加强教师队伍建设，全面提升教师素质是扎实推进教育强国的重要任务。于此之中，师德师风作为评价教师队伍综合素质的"第一标准"，理应被置于重要的战略地位。加强师德师风建设是新时代教师专业发展的必然需求，是新时代高素质、高水准教师队伍建设的内在要求，亦是改进新时代教风校风学风的重要手段，更是新时代社会道德风尚建设的必要内容。本研究聚焦于"师德师风建设"这一时代议题，主要探寻以下六个问题。第一，师德师风建设是什么？加强师德师风建设的理论支撑有哪些？第二，新时代加强师德师风建设有何价值？第三，我国加强师德师风建设的历史进程是怎么样的？第四，新时代加强师德师风建

设的理论模型是什么样的？第五，新时代加强师德师风建设存在哪些
现实困境？受到哪些因素影响？第六，未来如何加强教师队伍的师德
师风建设？

针对上述问题，本研究依循"理论基础—历史嬗变—价值意蕴—
理论模型—现实审视—实践方略"的基本研究思路展开，综合采用文
献研究法与实地调查法，采取质与量结合的资料处理方式对"新时代
师德师风建设"进行探究，聚焦于新时代加强师德师风建设的理论模
型构筑与实践方略探寻。第一，从师德、师风、师德师风建设的基本内
涵出发厘清"新时代师德师风建设"的丰富内涵，并着眼于古今中外
阐释师德师风建设的理论渊源；第二，从历时性的视角，归纳概括我国
师德师风建设的多项举措，明确阶段划分，即多举措明晰师德师风建设
工作阶段（1949～1977 年）、全方位促进师德师风建设制度化阶段
（1978～2011 年）与立体化完善师德师风建设体系阶段（2012 年至今）
三个阶段；第三，从统筹建设目标、落实建设政策、解决实践危机以及
澄清理论意涵四个方面，阐释新时代加强师德师风建设的价值意义；第
四，基于对师德师风建设理论模型的基础、环境与内容的分析，分别构
建符合新时代要求的师德、师风建设理论模型，并从教师专业道德学习
意识的觉醒、师德师风理论模型的不断完善、加强师德师风的社会环境
建设三方面，推动师德师风建设理论模型落地实践；第五，基于师德师
风建设的理论模型，进一步审视现实建设情况，总结经验与不足，并总
结影响师德师风建设的"宏观—中观—微观"因素；第六，基于现状分
析，提出新时代背景下加强师德师风建设的具体实践策略。

研究发现，师德建设模型具有从初级到高级的三种联动方式，即
"任务—管控—奖惩型"、"规范—管理—绩效型"与"自觉—善治—发
展型"；而与之相应的，师风建设模型亦具备从"树立和遵守道德规
范"到"开启教师道德学习新风尚"再到"教师形成道德自觉、师道
有序传承"的从初级到高级的三个阶段。基于所构建的师德师风建设
的理论模型进行分析可以发现，目前师德师风建设主要存在认知、内容

与环境三个方面的困境，主要表现为师德师风建设的主导理念有待厘清、整体方案有待革新以及整体氛围有待增强。而在师德师风建设的影响因素上，社会环境、学校管理以及教师自身成为影响新时代师德师风建设最为突出的三个因素，具体表现为：宏观上，社会不良环境干扰师德师风建设；中观上，学校管理僵化制约师德师风建设；微观上，教师意愿偏低影响师德师风建设。

在综合已有研究发现与理论探索成果的基础上，本研究基于"认知—内容—环境"的理论分析维度提出如下针对性建议与实践性策略。一是矫正更新师德师风建设观念。二是从对标"立德树人"树立师德师风建设目标，聚焦"多元一体"架构师德师风建设主体，紧扣"权责统一"明晰师德师风建设内容，厚植"高效智能"加强师德师风建设管理，着眼"长效优质"优化师德师风建设培育，围绕"德以配位"改良师德师风建设考评机制等六个方面分层优化师德师风建设方案。三是奋力营造优良的师德师风建设环境。

目 录

绪　论

一　研究缘起

强国必先强教，强教必先强师。2023 年 9 月，习近平总书记在致全国优秀教师代表的信中指出："教师群体中涌现出一批教育家和优秀教师，他们具有心有大我、至诚报国的理想信念，言为士则、行为世范的道德情操，启智润心、因材施教的育人智慧，勤学笃行、求是创新的躬耕态度，乐教爱生、甘于奉献的仁爱之心，胸怀天下、以文化人的弘道追求，展现了中国特有的教育家精神。"这为新时代加强教师队伍建设提供了根本遵循，赋予了新时代人民教师崇高使命。[①] 广大教师要坚持不懈陶冶言为士则、行为世范的道德情操，成为以德立身、以德立学、以德施教的楷模，这是对过往加强教师师德师风建设的更进一步阐释。加强师德师风建设作为弘扬中国特色教育家精神的重要举措，作为提升新时代教师素质、办好人民满意教育的首要任务，作为提高教师队伍质量、解决部分教师道德失范问题的关键所在，已成为全社会关注的焦点问题。本研究遵循"由内而外、由近到远、由己及人"的逻辑，根据"强教必先强师"的政策导向，基于"严把教师质量"的现实需要，本着对个人从教十余年实践的学理反思，探寻新时代加强师德师风

[①]　《习近平致信全国优秀教师代表强调 大力弘扬教育家精神 为强国建设民族复兴伟业作出新的更大贡献 向全国广大教师和教育工作者致以节日问候和诚挚祝福》，中国政府网，https://www.gov.cn/yaowen/liebiao/202309/content_6903083.htm。

建设的未来之路,希冀以教师之强夯实教育强国之基。

(一)"强教必先强师"的政策导向

习近平总书记在党的二十大报告中指出,"加强师德师风建设,培养高素质教师队伍,弘扬尊师重教社会风尚"[①]。师德师风建设是确保教师队伍良序发展,提升教师队伍整体素质的基础和关键因素。不言而喻,建设、形成良好的师德师风作为教育理论与实践领域中的一个重要议题和突出难点,常论常新。中国特色社会主义进入新时代以来,国家高度重视教师队伍的师德师风建设,相继出台了诸如《中共中央 国务院关于全面深化新时代教师队伍建设改革的意见》(2018年)、《新时代高校教师职业行为十项准则》(2018年)、《教育部关于高校教师师德失范行为处理的指导意见》(2018年)、《教育部等六部门关于加强新时代高校教师队伍建设改革的指导意见》(2020年)、《研究生导师指导行为准则》(2020年)、《关于加强和改进新时代师德师风建设的意见》(2019年)、《教育部关于推开教职员工准入查询工作的通知》(2023年)等相关文件,加大了推进师德师风建设工作的力度,教师队伍的师德师风建设工作也随之进入了新的历史发展阶段,迎来了新的发展机遇,但同时也面临着新的挑战。因而,师资队伍建设必须在巩固已有工作的基础上,抓住机遇、奋勇向前,确保在新的历史起点取得进一步突破。[②] 基于此,本研究聚焦"师德师风"这一时代热题,在阐明加强师德师风建设的时代价值、历史嬗变与理论支撑的基础上,构筑新时代加强师德师风建设的理论模型,并将模型运用于观照现实,进而提出相应实践方略,丰富当前的师德师风理论研究,更好地引领未来师德师风建设实践。

(二)"严把教师质量"的现实需要

2023年4月,《教育部关于推开教职员工准入查询工作的通知》发

---

① 《习近平著作选读》(第1卷),人民出版社,2023,第28页。
② 王定华:《新时代我国教师队伍建设的形势与任务》,《教育研究》2018年第3期。

布，指出"落实立德树人根本任务，严把教师队伍入口关，夯实教师队伍质量"①。长期以来，我国教师队伍的师德师风整体样貌光明灿烂，涌现了一批又一批为人、为学、为事的师德师风榜样，呈现出欣欣向荣的良好态势。但不可否认的是，随着我国经济社会的发展，站在新的历史起点上，在国内外多元文化碰撞的今天，面对新的教育改革发展方向，立足于建设高质量教育体系，师德师风建设工作尚不能完全契合时代要求，师德师风失范问题时有发生。尤其是近几年，师德问题的曝光引起公众对教师素质的质疑。部分教师对是与非、善与恶、美与丑的界限模糊的现象在一定程度上存在。2021 年 5 月，教育部公开曝光了 28 个违反幼儿园、中小学、高校教师职业行为十项准则的典型案例，其中包括在课堂上发表错误言论、使用低俗不雅方式授课、与学生发生不正当关系、诱导学生参加有偿补课等问题；2022 年 8 月，教育部公开曝光了第十批包括教师吸毒、学术不端、违规使用经费、体罚学生等在内的 7 起违反教师职业行为十项准则典型案例②。如此种种，皆充分表明了现阶段教师队伍的整体素质还有待提高，同"办好人民满意的教育""做人民满意的教师"目标之间仍存在一定距离。并且，通过既有的大量研究成果不难发现，师德师风建设的阻滞因素多种多样，譬如在现实的教育教学中，不少教师认为对师德师风的考核难以落到实处，评价和考核并没有起到明显的引领作用，师德师风建设的效果依然堪忧。也有学者指出师德失范问题没有统一的归口管理部门，师德评价考核机制匮乏，教师教育重师能、轻师德。③ 亦有学者指出，在教师的职业制度下，职业制度所追求的价值和目标与教师职业道德的冲突和对抗，导致教师队伍中不得不出现了一种"不敢为和不能为"的道德失范现象。④ 因此，深刻

---

① 《教育部关于推开教职员工准入查询工作的通知》，中国政府网，https://www.gov.cn/zhengce/zhengceku/2023-04/20/content_5752333.htm。
② 《教育部公开曝光第十批 7 起违反教师职业行为十项准则典型案例》，中华人民共和国教育部，http://www.moe.gov.cn/jyb_xwfb/gzdt_gzdt/s5987/202208/t20220830_656569.html。
③ 辛未、姬冰澌：《师德概念研究述评》，《上海教育科研》2018 年第 9 期。
④ 苗睿岚：《处境危机：教师职业道德改进的制度陷阱》，《教育评论》2017 年第 6 期。

感知师德师风建设的意涵、价值与历史，谨慎审视师德师风建设实践中存在的不足，裨补缺漏、开拓创新，既是理论研究之需，亦是实践之要。

（三）个人从教实践的学理反思

梅贻琦曾言："所谓大学者，非谓有大楼之谓也，有大师之谓也。"[①]高校教师作为大学真正灵魂，代表了一所大学的精气神，承担着传播真理、引人向善、塑造新人的时代重任，其应是以德立身、以德育人、以德施教的践行者，更应是学生的信仰之师、品行之师、学问之师与仁爱之师。[②] 对于教育学来说，师德师风是一个老生常谈的问题。但教育学的情怀在于用发展变化的眼光去发现和洞悉新问题，这就为师德师风建设研究提供了新的思路。对于教育改革而言，新时代师德师风建设不仅是改革的目标，甚至已经成为教育改革的核心。而笔者身为高等院校的一名青年教师，从教十余年来，坚持每日"四省吾身"，即省"学高为师的能力""行为世范的资格""为人师表的水平""正其衣冠的形象"。同时，不断思考师德师风建设是什么，新时代背景下加强师德师风建设有何意义，当下师德师风建设有何问题，师德师风建设的理论模型应是怎么样的，未来该如何改进师德师风建设工作。期望通过实证研究，在厘清新时代师德师风建设的概念、内涵与功用的基础上，通过一系列体制机制创新，解决新时代师德师风建设中存在的种种问题，以增强教师自身思想文化自觉性，将教育家精神内化为强大的工作动力，更好地弘扬与传承中国教育家精神。

综上所述，基于"时代导向+现实需要+学理反思"的三重考虑，本研究结合新时代背景，聚焦师德师风建设，以加强师德师风建设的价值、历史、意涵、理论为出发点，搭建新时代加强师德师风建设的三维理论模型，并由此反观当下师德师风建设面临的困境，剖析其具体影响因素，以期进一步提出新时代加强师德师风建设的方略，为完善师德师

---

① 梅贻琦：《中国的大学》，北京理工大学出版社，2002，第 17 页。
② 张维静、张春雷：《新时代高校师德师风建设：内涵特征·现实困境·实践路径》，《中学政治教学参考》2022 年第 8 期。

风建设长效机制贡献学术力量。

二　研究意义

（一）理论意义

研究新时代加强师德师风建设的理论模型与实践方略具有极为丰富的理论意义。一是能够深化对师德师风建设意涵、价值与理论基础的理性认识，准确把握其中所蕴含的思想精髓与理论智慧，更好地以教育家精神引领新时代教师队伍高质量发展。二是通过全面梳理我国师德师风建设的历史进程，能够从历时性与共时性的角度，较为全面地把握我国师德师风建设概貌，揭示其在组织规划、建设目标、建设内容、建设方式、考核评价等多个关键要素上的演变特征和规律。三是由系统论视域出发，通过构建有机联动的、一般性与普适性并存的师德师风建设理论模型，阐释了师德师风建设的基础、环境、内容、相互作用机制等，为未来师德师风建设提供理论经验与有益参考。所构建模型是对现有的教育领域理论模型的一大创新。

（二）实践意义

本研究是从内涵、价值、历史、模式、经验、问题与对策等几方面对师德师风从内至外、由浅入深进行的理论研究，对加强新时代师德师风建设具有重要的应用价值与借鉴意义。其一，本研究所构建的新时代"培育—治理—评价"（CGE）师德师风建设模型，从初级、中级、高级三个阶段分析了师德师风建设的应然模式，具备可推广性强、可复制度高的特点，各地、各校可立足自身实际，将两类理论模型分别应用于师德师风建设实践，以不断推进新时代师德师风建设向纵深方向发展。其二，本研究通过对师德师风建设内涵、价值、历史、经验与问题的探析与总结，探求契合新时代要求的方法与路径，进而助力解决师德师风失范问题，推动我国师德师风建设机制、体制科学化、系统化与全面化发展。

三 研究现状

（一）师德师风建设相关研究的计量分析

1. 年度发文量分析

在中国知网（CNKI）数据库中，以"师德师风建设"为检索词，共获得相关中英文文献 2559 篇。以此为分析资料进行计量可视化分析。

国内外学术界最早于 20 世纪 90 年代初出现与师德师风建设相关的研究，并于 2000 年起，师德师风建设相关研究文献的发表量总体上呈上升趋势，总体上可将其变化划分成三个阶段。一是 2000~2016 年，这一阶段是师德师风建设研究的初步发展期，研究成果整体呈缓慢增加趋势，年度发文量最高可达 250 篇。二是 2017~2019 年，这一阶段是师德师风建设研究的快速上升期，教师队伍师德师风成为学术界的热点议题，于 2019 年达到发文量峰值，为 650 篇。三是 2020 年至今，这一阶段是师德师风建设研究的回落期，研究论文数量整体呈较为明显的下降趋势（见图 1）。

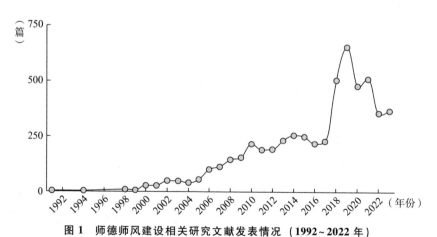

图 1　师德师风建设相关研究文献发表情况（1992~2022 年）

2. 关键词聚类分析

以"师德师风建设"为主题词，在期刊数据库中，来源类别选择"CSSCI"和"北大中文核心期刊"，进行检索后共计获得有效样本文献

317 条，以此为研究数据基础，导入 Cite Space 软件，进行关键词聚类分析，得到师德师风建设相关研究的关键词聚类分析图谱（见图 2）。聚类是由共现网络中的紧密相关的关键词组成的，运用 Cite Space 软件进行聚类分析，通过赋予每一个关键词一个特定的值，找到此研究的聚焦主题。从 0 开始排序，数字越小，表示聚类中所包含的关键词数越多。图 2 共计呈现了 "0~5" 六个聚类标签，分别为师德师风、高校、师德建设、师德、教师培训、优质师资，它们是师德师风建设研究的焦点议题。

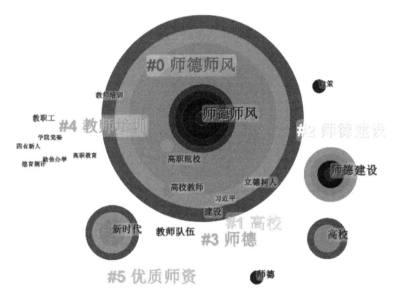

图 2　师德师风建设相关研究文献的关键词聚类分析

（二）师德师风建设相关研究的观点综述

1. 师德师风建设的国内研究综述

从师德师风建设研究文献的关键词聚类分析图谱可以发现，当前国内关于师德师风建设的研究主要集中于高校层面，以培养优质师资为主要目标，围绕教师培训展开研究。具体说来，主要涵盖师德师风建设的丰富内涵、价值意蕴、现实问题、影响因素与优化对策等五个方面。

（1）师德师风建设的丰富内涵研究

总体来看，国内师德师风建设的内涵极为丰富，大致包括 "师德"

"师风""师德师风""师德师风建设"等多个维度，而国内学术界鲜有关于某一内涵维度的专门研究，多在探寻例如师德师风建设意义、现状等层面时，顺带提及师德师风建设的内涵。

第一，关于"师德"的内涵研究。教育部人事司在21世纪初期对"教师职业道德修养"即"师德"做出详细界定，"师德"具体是指"教师在从事教育教学劳动过程中，所形成的较为稳定的道德观念、品质和行为规范的总和"。[①]而研究者串冬梅通过对"师德"传统概念和当前普遍学术观点进行系统梳理，结合新时期对教师的期望与要求，提出教师应是"人师"与"经师"的统一体，并从人的道德、职业道德与道德模范三个层面剖析了"师德"内涵。[②]研究者周杰从广义和狭义角度对"师德"概念做出界定与划分，其中，广义的师德即教师的道德；而狭义的师德则是对教师职业道德的简化称呼，包括教师的思想信念、道德素养、职业态度、职业情感与职业行为等。[③]余玉花以"教师职业道德"代称"师德"，明确界定了"师德"这一概念，她主张"教师职业道德（师德）指的是规范教师行为、调整教育活动中各种教育关系的行为规范之和"。[④]学者韩国海则从师德的发展水平、主体、结构三方面探寻了对师德内涵的科学认识，他主张"师德"是一个涵盖"历史+发展""层次+类别""理论+实践"三维度六方面的系统化概念。[⑤]

第二，关于"师风"的内涵研究。相较于"师德"，学术界对于"师风"的意涵界定较为模糊，所开展的具体研究甚少，大多将"师风"放于"师德"后，将"师德师风"两者合并为一个固定短语来谈，将其作为一个统整性的学术概念来使用。学者毕诚主张，师风是教师的专业道德行为中所表现出来的一种精神状态。[⑥]周杰总结了"师风"作

① 教育部人事司：《高等学校教师职业道德修养》，北京师范大学出版社，2000，第93页。
② 串冬梅：《浅议新时期教师师德的内涵》，《教育与职业》2009年第3期。
③ 周杰：《从文化视角谈高校师德师风建设》，《高等农业教育》2012年第8期。
④ 余玉花：《高校教师职业道德规范》，华东师范大学出版社，2013，第4页。
⑤ 韩国海：《大学师德建设的内涵价值、现实困境与路径选择》，《现代教育管理》2021年第12期。
⑥ 毕诚：《中国古代师道、师德和师风》，《中国德育》2010年第4期。

为一个独立概念的历史渊源，分别阐释了其在《北齐书》和《汉典》中的深刻意涵，并将其总结为一种教师行为风格，即教师的行为准则与风气。[①] 研究者顾杰、陈东洋提出，师风是"教师的外在行为表现，是由教师的言行所形成的一种风气、人文环境和氛围"，[②] 具备职业性、示范性与道德性。

第三，关于"师德师风"的内涵研究。黎平辉、郭文依据社会转型期对教师工作认识、态度要求的不同，创造性地将"师德师风"内涵分为责任、情感与信仰由低到高、层层递进的三个层次。[③] 苏寄宛则将"师德师风"总结为"教师的职业道德"，认为其不仅体现了教师从事教育教学工作时应遵守的行为规范和必备的道德品质，而且彰显了个人学识素养和文化底蕴。[④] 沈壮海分别从法学、心理学、马克思主义理论的多学科、跨学科视角解读了师德师风的内涵与关系，指出师德与师风紧密相连，师风以"师德要求的具体施行"为基础，师德则通过"师风的好坏优劣"集中呈现出来。[⑤]

第四，关于"师德师风建设"的内涵研究。葛薇认为"师德师风建设"意指为促进教师道德观念与规范的内化和道德行为的外显及坚定教师的政治立场和遵纪守法的观念而提出的师德规范建设和提升举措建设等。[⑥] 李刚在强调通过"课堂育德"强化新时代师德师风建设时，从"育师德意识、育师德情感、育师德行为"三方面厘清了师德师风建设的详尽内涵。[⑦]

（2）师德师风建设的价值意蕴研究

国内研究者大多从加强师德师风建设的历史与现实价值、理论与实

---

① 周杰：《从文化视角谈高校师德师风建设》，《高等农业教育》2012 年第 8 期。
② 顾杰、陈东洋：《加强高校师德师风建设刍议》，《学校党建与思想教育》2022 年第 10 期。
③ 黎平辉、郭文：《社会转型期我国师德师风内涵的再界定》，《现代教育科学》2011 年第 3 期。
④ 苏寄宛：《加强新时代高校师德师风建设的思考》，《中国高等教育》2021 年第 24 期。
⑤ 沈壮海：《教师思想政治与师德师风关系综论》，《教育研究》2022 年第 10 期。
⑥ 葛薇：《改革开放以来中国共产党中小学师德师风建设思想研究》，硕士学位论文，陕西师范大学，2021。
⑦ 李刚：《新时代师德师风建设视角下的课堂育德》，《思想理论教育》2021 年第 7 期。

践价值等维度出发，阐释其所蕴含的价值意义。研究者田春园在探寻高校思政课教师师德师风建设的现存问题及优化路径时提出，加强师德师风建设是教师队伍建设的奠基工程，对于提高高等教育质量具有重要价值。① 张荣、王一茹等人主张，加强师德建设有助于推动教师树立崇高理想、提高道德修养，有利于促使教师评价科学化、营造良好的学校氛围，进而促进教师成长。② 学者孙秀玲从"四有"好老师的角度审视了新疆教师队伍的师德师风建设，从历史与现实视角全面论述了争做"四有"好老师是新疆各级各类各族教师的行为选择与历史担当。③ 郑晓东等阐释了新形势下师德师风建设的时代价值，即加强师德师风建设，既契合高教事业发展要求，又符合高教事业发展规律，既是完成立德树人任务的前提，又是建设高水平师资的基本遵循。④ 学者韩国海则从师德师风建设的历史渊源与现实意义角度论述了其丰富价值，一方面，党和国家历来重视师德师风建设；另一方面，加强师德师风建设对"双一流"建设具备重要辐射作用。⑤ 陈欢、尹杰钦认为，加强师德师风建设关乎新时代立德树人的根本任务，而优良的师德师风亦能够反过来推进思政课的课程建设。⑥

（3）师德师风建设的现实问题研究

在关于我国师德师风建设存在的现实问题上，研究者众说纷纭、观点不一，但大多从建设理念、建设主体、组织管理、评估考核、建设环境等方面对师德师风建设情况进行问题剖析。譬如，袁进霞通过学理分

---

① 田春园：《高校思想政治理论课教师师德师风建设的问题及对策研究》，《教育与职业》2011 年第 15 期。

② 张荣、王一茹、安宁：《师德建设的价值与途径》，《中学政治教学参考》2015 年第 24 期。

③ 孙秀玲：《争做新疆"四好"老师的当下价值》，《新疆师范大学学报》（哲学社会科学版）2016 年第 3 期。

④ 郑晓东、肖军霞：《新形势下高校师德师风建设的时代价值与实践路径》，《思想理论教育导刊》2019 年第 8 期。

⑤ 韩国海：《大学师德建设的内涵价值、现实困境与路径选择》，《现代教育管理》2021 年第 12 期。

⑥ 陈欢、尹杰钦：《思政课教师要成为优良师德师风的当然模范》，《中学政治教学参考》2021 年第 4 期。

析发现，当前高等院校中师德师风建设主要存在六方面问题，可概括为
"六少"，分别是对教育少神圣感、对学生少责任感、对自身少自律性、
对学术少使命感、对学校少主角情、对同事少团队情。① 彭琛琛基于
"概念与理论—意义与部署—现状分析—路径选择"的行动框架，指出
了新时代我国高校师德师风建设所面临的诸如教师参与建设的积极性不
高、高校内部建设难度大以及社会不良风气干扰建设进程等三大难
题。② 张洪华等人则从师德认知、规范、评价与管理四个维度，相对应
地提出了师德师风建设过程中所存在的认知简单化、类型不明显、评价
不科学、管理不协同等问题。③ 张维静、张春雷认为，目前师德师风主
流呈现了良好发展态势，但仍面临诸多风险挑战，师德师风失范现象仍
旧不可避免地存在，主要体现为学习力度不够、教师责任感不强、舆论
环境欠缺、学校管理不足。④ 北师大和震研究团队编制了《全国职业学
校师德师风建设情况调查问卷》，以全国 30 个省份职业学校教师为研究
对象，探寻了全国职业学校教师队伍师德师风建设的不足之处，其中包
括课程思政方面有待加强、评估考核方式有待转变、师德师风建设工程
有待加固等问题。⑤

（4）师德师风建设的影响因素研究

关于师德师风建设的影响因素探究，国内学术界多从国内及国外、
内因及外因，抑或从政治、经济、文化等多重角度展开。其中，甘艳在
其博士学位论文中基于对青年教师现状的考察，发现目前高校青年教师
师德建设中主要存在忽略个人修养、缺少职业认同、对学术道德关注度
较低等问题，并从经济发展、政治影响以及文化入侵等社会发展因素，

---

① 袁进霞：《高校师德师风存在的问题及对策》，《学校党建与思想教育》2017 年第 4 期。
② 彭琛琛：《新时代我国高校师德师风建设研究》，硕士学位论文，西北师范大学，2020。
③ 张洪华、刘新钰、郑辰：《职业学校师德师风建设：内涵、问题与对策》，《职教论坛》
　　2021 年第 11 期。
④ 张维静、张春雷：《新时代高校师德师风建设：内涵特征·现实困境·实践路径》，《中
　　学政治教学参考》2022 年第 8 期。
⑤ 和震、王羽菲、柳超：《我国职业学校师德师风建设的现状与对策》，《现代教育管理》
　　2022 年第 11 期。

管理者对师德建设的忽视、过度强化行政制度管理等高等学校因素，教育资源分配不均、组织机制不合理、学术评价单一等体制因素对教师师德建设做出详细分析。① 王金平从胜任力理论出发，剖析了高等学校辅导员在师德师风建设中所存在的指导理念陈旧、内容创新不足、载体方式落后、主体素质不佳、保障考核机制不健全等问题，并探寻了引发高校师德师风建设问题的外在学校层面与辅导员自身层面的因素。其中，学校层面原因包括忽略了辅导员的师德师风建设，以及对辅导员职业能力、道德素质等的提升的"人、物、财"的投入不足。② 陈吉鄂在其博士学位论文中总结了影响教师践行师德师风观的因素，主要包括"科学精神"与"人文精神"、"知识传授"与"行为示范"、"工具理性"与"价值理性"、"学术理想"与"学术规范"四个方面的脱节。③ 而郭勤英专门着眼于师德师风建设中的评价模块，从政府、社会、学校三个层面分析了高职院校师德师风评价机制存在问题的原因，具体表现在三个方面。一是师德师风评价工作在具体落实中缺乏监管，实效性不佳。二是社会对高职院校教师的师德师风关注度不高。三是相较于教师的专业能力、教学技能等，高职院校往往忽视对师德师风的考察。④ 此外，吴小艳采用调查法，从"红七条""六维度"呈现了上海高校师德师风建设的成效与不足，并将日前上海高校师德师风问题产生的原因归结为西方文化思潮影响、市场经济规则侵蚀以及高校主体责任感不强三方面。⑤

（5）师德师风建设的优化对策研究

在关于师德师风建设的优化对策的国内研究中，研究者们着眼全

① 甘艳：《社会主义道德建设视域中的高校青年教师师德建设研究》，博士学位论文，华中师范大学，2016。
② 王金平：《胜任力视域下高校辅导员师德师风的建设范式研究》，《黑龙江高教研究》2017 年第 10 期。
③ 陈吉鄂：《思想政治理论课教师践行"四个统一"师德观研究》，博士学位论文，吉林大学，2018。
④ 郭勤英：《新常态下高职院校师德师风评价机制的评析与重建》，《教育与职业》2018 年第 1 期。
⑤ 吴小艳：《新时代上海高校师德师风建设研究》，硕士学位论文，上海外国语大学，2021。

局，较为全面、综合地提出了加强师德师风建设的相应对策。例如，张晓能认为，需坚持优秀思想理论指导，树立典型模范，把握教研关系，汲取仁爱之心的精神养分，重视师德师风的灵魂、根蒂、基础与本源。① 王新清讲求在新时代师德师风建设进程中要掌握三大科学方法，即以完善教育管理制度为基础方法，以培养教师职业道德为外在方法，以提升个人品德修养为内在方法，争做新时代"大先生"。② 苏寄宛提出，要在创新师德教育、选好师德师风典型、开展社会实践上着紧用力，建立、建强、建好一支具备高尚师德师风的教师队伍。③ 而梁德东明确提出，完善长效化、常态化机制是推动师德师风建设的必由之路，需通过提高教师政治领悟力、发挥基层党组织战斗堡垒作用、促进建设经验的总结转化以及将师德师风建设纳入法律范畴等方式实现。④ 学者们又着眼于师德师风建设中的薄弱环节，如建设管理、建设环境、评价考核等方面，重点研究、期望攻克师德师风中的"卡脖子"难题，并提出了相应的优化建议。譬如，吴明永通过分析在当前青年教师师德师风建设环境方面存在的诸如道德认知困惑、道德困惑等问题，得出需通过创设具有良好社会风气、健康的校园文化氛围和重视人才的工作环境以及关爱与理解并存的生活环境优化师德师风建设环境。⑤ 而高启明探究了"管理缺失"在师德师风建设过程中的重大影响，并提出只有在管理中坚持以人为本理念，不断完善制度体系，促进多主体广泛参与，才能有效助力高校师德师风建设的与时俱进。⑥ 周宏武、余宙则专门针对新时代高校师德师风考核的要求、重点与难点，为优化师德师风考核工作，提出了创设"教育＋考核＋效能"协调统一的长效治理链、

① 张晓能：《新时期师德师风建设的路径》，《中学政治教学参考》2019 年第 30 期。
② 王新清：《从"好老师"到"大先生"：高校师德师风建设的基本路径》，《中国高教研究》2021 年第 9 期。
③ 苏寄宛：《加强新时代高校师德师风建设的思考》，《中国高等教育》2021 年第 24 期。
④ 梁德东：《构建高校师德师风建设常态化长效化机制》，《人民论坛》2022 年第 4 期。
⑤ 吴明永：《高校青年教师师德师风建设环境优化探析》，《中国成人教育》2010 年第 6 期。
⑥ 高启明：《管理缺失对高校师德师风建设的影响及对策解析》，《教育探索》2015 年第 1 期。

通过统筹类别与科学评定丰富考核内容、激发教师动力增进多元互动三点意见。①

2. 师德师风建设的国外研究综述

而着眼于国外，师德师风多被表述为教师职业道德、教师专业伦理、教师职业伦理、教师实践伦理等，因而，下文对国外学术界所开展的与"教师职业道德"相关的研究进行综合叙述。

第一，关于教师职业道德内涵的研究。师德师风建设内涵由来已久，国外不同的研究者亦对此做出了不同界定。譬如，研究者 Erdem 等认为，教师职业伦理是教师在与学生、社会、同事交往过程中必须遵循的一套规则和准则。② 研究者 Pandey 认为，职业道德是特定职业的成员所期望的个人和企业行为标准，而教师职业的道德则是关心、信任、尊重和正直，是对学生和学生学习的承诺、对学习社区的领导，涵括持续的专业学习、专业知识和专业实践。③ Shapira-Lishchinsky 以来自 45 个国家教师的 TIMSS 问卷调查结果为分析资料，归纳总结出了"教师实践伦理"概念所涵括的四个维度，即关心学生学习、积极与同事互动、尊重规则以及具备专业精神。④ Wing-Wah 等则以 203 名职前教师完成的问卷调查、81 名职前教师的描述性报告以及对华东师范大学 13 名职前教师的半结构化访谈为分析资料，主要考察了中国职前教师对师德的看法，并提出将"规范自治"框架用于理解职前教师对中国教师道德的看法。⑤ 而 Park 等则基于对教师职业道德量表（TOWES）的因子结构与信效度的分析，将教师职业道德界定为诚信、人际交往能力、尊重学

① 周宏武、余宙：《做好新时代高校师德师风考核的策略探析》，《中国高等教育》2022 年第 2 期。

② Ali Rıza Erdem, Selçuk Şimşek, "Evaluation of Teacher Professional Ethics," *Adıyaman Üniversitesi Sosyal Bilimler Enstitüsü Dergisi* 15 (2013).

③ Chetna Pandey, "Professional Ethics and Teachers," *Zenith International Journal of Multidisciplinary Research* 3 (2016).

④ Orly Shapira-Lishchinsky, "The Implicit Meaning of TIMSS: Exploring Ethics in Teachers' Practice," *Teaching and Teacher Education* 79 (2019): 188-197.

⑤ Wangbei Ye, Law Wing-Wah, "Pre-service Teachers' Perceptions of Teacher Morality in China," *Teaching and Teacher Education* 86 (2019).

生、专业发展。①

　　第二，关于教师职业道德的价值研究。国外研究者则主要聚焦于探究教师职业道德（师德师风）在"对内"（教师自身职业进程）以及"对外"（学生生活、社会发展）等两个方面所发挥的重要作用。例如，Colnerud 通过访谈发现，大多数受访教师大学毕业时，职业道德领域的知识和技能指标较低，这将对他们未来教师职业活动产生负面影响。② Malone 则从教学的相对孤立性质与师生的社会接近性出发，强调了伦理道德建设在教师准备工作中的重要性。③ Tripathy 强调了师德伦理在教师中的作用和意义。他主张，教师是道德和价值观的化身，拥有许多积极品质，他们用自己独特的风格引领学生，参与塑造和规划学生的个性与职业生涯，即使是学生的性情所禀赋的一点点道德，也会给学生自身以及整个社会带来巨大的变化。④ 而 Lawrent 则采用定性研究法，对来自坦桑尼亚南部高地地区的 18 名受访者进行了访谈，旨在探究教师的道德或不道德行为是如何影响他们的职业生涯的，结果表明，教师自身的师德丑闻对其职业的影响程度较大。由此可见，加强师德师风建设，对维护教师的社会地位以及教学形象具有重要作用。⑤

　　第三，关于教师职业道德的问题研究。国外研究者多采用实证研究，探寻阻碍教师职业道德形成的现实问题与困境挑战。Al-Hothali⑥

---

①　HwaChoon Park，B. Hill Roger，"Development of the Korean Teachers' Occupational Work Ethic Scale：Its Factor Structure，Validity and Reliability," *Asia Pacific Education Review* 22（2021）：101-118.

②　Gunnel Colnerud，"Teacher Ethics as a Research Problem：Syntheses Achieved and New Issues," *Teachers and Teaching：Theory and Practice* 123（2006）：365-385.

③　D. M. Malone，"Ethics Education in Teacher Preparation：A Case for Stakeholder Responsibility," *Ethics and Education* 15. 1（2020）：77-97.

④　Mitashree Tripathy，"Virtue Ethics：A Companion to Preserve Dignity in Teaching Profession," *International Journal of Ethics Education* 5. 1（2020）：115-122.

⑤　Godlove Lawrent，"Teacher Ethics in the Tanzanian Context and Their Implications," *Teaching and Teacher Education* 120（2022）：103900.

⑥　Huda Muttar Al-Hothali，"Ethics of the Teaching Profession Among Secondary School Teachers from School Leaders' Perspective in Riyadh," *International Education Studies* 11. 9（2018）：47-63.

从学校领导人的角度审视了利雅得中学教师的职业道德，发现存在师德惩罚制度失效、缺乏优秀师德榜样、教师缺乏集体意识、学校师德建设组织意识不佳等问题。Walters 等则探讨了英国大学初级教师教育课程如何提供道德教育的问题，研究发现，受训教师抵制、授课时间不足、道德教育的性质复杂以及教育的外部需求少等问题阻碍了教师教育课程中道德教育的顺畅施行。① 而 Tezcan 等对来自信息技术与软件、宗教文化与伦理、科学、视觉艺术、英语、数学等学科的 15 名土耳其教师开展半结构化访谈，并使用内容分析法对访谈结果进行分析。研究发现，目前中学教师所面临的伦理道德困境可以分为保护学生、公平评价、保护同事和平衡家长干预四类。②

第四，关于教师职业道德的因素研究。国外关于教师职业道德的影响因素研究，多探寻塑造教师职业道德的影响因素，具体包括环境氛围、教师自身专业水平、教育管理水平等方面，分别对应社会、学校、教师等多个主体。譬如，Naaz 以来自德里和 NCR 地区三所教师教育学院的 177 名教师为研究对象，采用他人编制的"教师教育机构氛围量表"和自编的"教师教育机构氛围量表"来分析教师的职业道德观念。研究表明，所选院校的教师所处学院的氛围与教师职业道德的形成之间存在显著的正向关系，即学院氛围愈好，师范生职业道德感的平均分愈高。③ 而 Lee Jin Hee 主要探究了幼儿教师的师德意识、专业发展水平与工作压力三者之间的关系。④ Alenizi 则以 360 名在沙特阿拉伯不同地区不同大学任教的教师为研究对象，采用标准量表和

① Sue Walters, Heilbronn Ruth, Daly Caroline, "Ethics Education in Initial Teacher Education: Pre-serviceProvision in England," *Professional Development in Education* 44. 3 (2018): 385-396.

② Gamze Tezcan, Güvenç Hülya, "Middle school teachers' professional ethical dilemmas," *Pamukkale Universitesi Egitim Fakultesi Dergisi-pamukkale University Journal of Education* 49 (2020).

③ Ishrat Naaz, "A Study of Teacher Education Institute Climate and Professional Ethics of Teacher-Trainees," *Journal of Teacher Education and Research* 10. 1 (2015): 45-53.

④ Lee Jin Hee, "The Relationship between Teacher Ethics Consciousness, Professional Development Level, and Job Stress in Early Childhood Teacher," *Korean Association For Learner-Centered Curriculum And Instruction* 15 (2018).

验证量表进行测量，通过描述性统计和推断性统计分析发现，教师职业道德与情绪智力之间存在显著的正相关关系。[①] 而 Yong-yue Zhu 等的研究主要探讨了具有地方文化适应性的差异化领导对高校教师职业道德的影响机制，其主要采用 SPSS17.0 和 AMOS22.0 软件对 403 条问卷调查结果进行统计分析，结果表明，差异型领导对高校教师职业道德有正向影响，高校教师职业认同在差异型领导与教师职业道德之间起中介作用。[②]

　　第五，关于教师职业道德的路径研究。国际上关于教师职业道德的优化对策研究从整体或部分角度展开。学者 Maphosa Cosmas 等在其研究中，考察了专业精神和职业道德对教师职业的重要意义，并对教师道德与专业发展提出了如下四点建议：一是教师培训应注重专业操守，需为受训教师提供系统的职业道德课程；二是应采取"短期培训课程+长期专业教育"的方式持续推动在职教师的专业发展，不断给予教师专业精神和职业道德上的指引；三是采取适当措施以奖励勤奋教师、惩罚懒惰或不专业的教师，其中与业绩挂钩的薪酬体系就是践行"问责制"的重要措施之一；四是建立严格的教师执照制度，规范教师职业准入口径，并根据教师的表现和行为定期更新教师资格证。[③] 而有的学者通过开展大范围的问卷调查与分析，针对信息化时代高校师德强化机制建设中存在的轻视与阻碍师德建设、内外部环境变化等影响教师思想与行为的问题，提出了以"四爱"为核心价值目标、适应信息时代、建立师德制度建设的保障机制等促进高校师德强化体系长效机制建设的

---

①　Mogbel Aid K. Alenizi，"Professional Ethics and its Relationship with Emotional Intelligence and Effective Teaching：A case of Saudi Arabia," *Journal of Educational Sciences & Psychology* 8.2 （2018）.

②　Yong-yue Zhu，Min-yu Guo. "Influence of differential Leadership on Teachers' Professional Ethics：An Empirical Study from Chinese Universities," *Asia Pacific Education Review* 22 （2021）：549-564.

③　Sithulisiwe Bhebhe Maphosa Cosmas，Maciline Dziva，"Interrogating the Significance of Professionalism and Professional Ethics in the Teaching Profession," *Journal of Sociology and Social Anthropology* 6.2 （2015）：263-272.

新对策。① Xajibaevna 依循对道德标准、道德标准的原则、教师道德标准、教师教育的道德准备的阐释，提出教师道德培训的不间断策略。他认为，教师道德培训项目应包括正规课程中的道德培训，并开设教师面向学生、家长、同事和社区成员等不同主体的道德责任课程。此外，应定期举办会议，介绍和讨论教师专业工作中的道德困境。② 而 Tang 对电子商务专业师生开展了关于"师德师风在线评价模型构建"相关问题的问卷调查，通过确定指标内容、负面清单、参数评分、计算机系统支持等模块，构建了由正面清单（如为人师表、严谨治学、服务社会等）、负面清单（教师"底线"）组成的模型，③ 便于考核、评价、改进、宣传教师队伍的师德师风建设情况。

（三）国内外研究述评

从对既有研究成果的梳理来看，当前学术界关于师德师风建设的研究主题与视角逐渐丰富，对师德师风建设的本质内涵、价值意义，师德师风建设的实况、问题、影响因素，加强师德师风建设的路径等都有涉及，为本研究的后续开展奠定了坚实基础。但是，师德师风建设的实证研究仍然存在很多不足，恰是这些不足指明了"师德师风"领域未来研究的方向。基于当下学术界关于师德师风建设研究的广度、深度，师德师风建设的历史进程、理论意识、模型建构等方面有待进一步拓展深化，本选题仍有较大的研究空间。

一是关于师德师风建设的丰富内涵、重要价值和历史梳理有待进一步整合。当前，关于师德师风建设的内涵研究多从单一角度出发，以点

---

① Yuan Li, "Reflections on the Construction of New Mechanism of Teachers' Ethics in Colleges and Universities in the Information Age," *International Conference on Management, Education and Information* 5 (2019).

② N. E. Xajibaevna, "Ethics in Teaching Profession," *Asian Journal of Multidimensional Research (AJMR)* 3 (2021).

③ Yuanyuan Tang, "Research and Practice on Online Evaluation Model of Teachers'Ethics and Style in Higher Vocational Colleges in the New Era—Take E-commerce Major as an Example," *SHS Web of Conferences*. Vol. 157. EDP Sciences, 2023.

位式、分散性形式，分别围绕"师德""师风""师德建设"等模块展开，较少有从全局层面整体把握、详细解读"师德师风建设"中涉及的所有概念的理论研究；而对于师德师风建设的价值意义的考察，多分别从较为宏观的历史与现实、理论与实践、内在与外在等层面概括总结，鲜有从整体性视角对"师德师风建设价值"分维度、分模块的综合考量；此外，关于我国师德师风建设的历史梳理研究亦较少，未能呈现较为清晰的建设脉络。

二是关于师德师风建设的现实问题、影响因素和优化对策有待进一步厘清。诸位研究者均基于个人或团队实证研究，剖析了世界各地师德师风建设主要面临的困境与挑战，问题触及师德师风建设的各个环节，总结了"国家—社会—学校—个人""内生—外生"等不同划分方式下的影响因素，并主要从宏观与微观两个角度提出科学有效的优化路径。但是，总的来看，对师德师风建设的现实问题的综合归纳仍不明确，且关于教师队伍师德师风存在的问题研究较多，关于师德师风建设的成就与经验、问题与不足等研究较少。

三是关于师德师风建设的理论意识和模型建构有待进一步深化。一方面，关于我国师德师风建设的理论意识不强，虽已有学者将胜任力、领导力理论融入师德师风建设研究，但仍旧存在理论基础与研究内容"各自为政"的现象，亦不能巧妙创新地运用研究理论对师德师风建设现象进行系统分析。另一方面，当前师德师风建设的理论模型建构明显不足，对师德师风建设过程的实证性、系统性阐释不够，一定程度上影响了科学而系统地把握加强师德师风建设的内在核心。有鉴于此，上述议题有待进一步深化。

四　研究设计

（一）研究问题

综合来看，本研究主要包括以下五个方面。

1. 师德师风建设是什么？加强师德师风建设的理论支撑有哪些？

新时代加强师德师风建设有何价值？

2. 我国加强师德师风建设的历史进程是怎么样的？

3. 新时代加强师德师风建设的理论模型是什么样的？

4. 新时代加强师德师风建设存在哪些现实困境？受到哪些因素影响？

5. 未来如何加强教师队伍的师德师风建设？

（二）研究框架与内容

顺利构筑新时代加强师德师风建设的理论模型，并生发具体实践方略的基础在于，做好价值阐发、追根溯源、概念界定以及准确审视等前期研究铺垫工作。本研究的框架与内容依循以下几部分展开。

1. 我国师德师风建设的历史嬗变

本研究按照时间顺序梳理了我国加强师德师风建设的历史事实，将其主要划分为多举措明晰师德师风建设工作阶段（1949～1977 年）、全方位促进师德师风建设制度化阶段（1978～2011 年）以及立体化完善师德师风建设体系阶段（2012 年至今）三大主要历史阶段。在此基础上，对其演进进行逻辑解释与特征描绘，为后续研究奠定坚实的史学基础。

2. 新时代加强师德师风建设的理论基础

先对师德师风建设的内涵进行解读，而后全面梳理古今中外教育家关于师德师风的重要论述，以厘清理论演进脉络，为后续分析所面临困境、造成困境的原因，进行对策分析奠定思想基础。同时，从厘清师德师风建设目标的内在需要、有序落实师德师风建设政策的现实需求、解决教师伦理实践危机的有效方式、澄清师德师风研究核心概念的有效保障四个层面对新时代加强师德师风建设的价值意蕴进行详细阐释。

3. 新时代加强师德师风建设的理论模型

基于对新时代加强师德师风建设的现实诉求、时代内涵、一般基础的分析，建构新时代师德师风建设的理论模型，并从层级阶段、推演机制及建设环境三方面对其进行诠释。

4. 新时代加强师德师风建设的现实审视

基于所构建出的师德师风建设理论模型中的具体维度，根据访谈结果，对当前师德师风建设情况开展审察，总结目前的"认知""培育""治理""评价""环境"等五个方面建设困境，并依据宏观、中观、微观三个维度具体从社会环境、学校管理、教师自身三方面深入剖析其影响因素。

5. 新时代加强师德师风建设的实践方略

针对新时代加强师德师风建设的认知、培育、治理、评价与环境五个方面的困境，从更新师德师风建设观念、推进师德师风建设方案、营造师德师风建设环境三个维度提出相应优化策略，其中，主要从对标"立德树人"树立师德师风建设目标，聚焦"多元一体"架构师德师风建设主体，紧扣"权责统一"明晰师德师风建设内容，厚植"高效智能"加强师德师风建设管理，着眼"长效优质"优化师德师风建设培育，围绕"德以配位"改良师德师风建设考评机制六个层面来分析并阐释师德师风建设体系方案的详细构成。

（三）研究思路

依据项目管理知识体系，项目生命周期主要会历经概念、开发、实施与结束四个阶段。[①] 然而，依据现实需要与研究诉求，新时代加强师德师风建设研究主要聚焦于概念与开发阶段，本研究依循理论基础—历史嬗变—价值意蕴—理论模型—现实审视—实践方略这一基本研究思路展开，具体研究技术路线如图 3 所示。

（四）研究方法

1. 文献研究法

文献研究法，指的是对文献资料的检索、搜集、鉴别、整理和分析，从而形成对事实科学认识的方法，亦称情报研究、资料研究或文献调查。[②] 本研究通过查阅大量期刊、报纸、图书等文献，通盘厘清了师德、师风、师德师风建设等的内涵，全面梳理了我国师德师风建设的历

---

① 中国（双法）项目管理研究委员会：《中国项目管理知识体系（C-PMBOK2006）》，电子工业出版社，2008，第 13 页。

② 杜晓利：《富有生命力的文献研究法》，《上海教育科研》2013 年第 10 期。

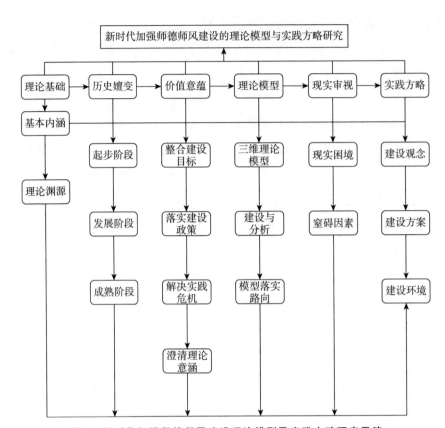

图3 新时代加强师德师风建设理论模型及实践方略研究思路

史进程，并基本夯实了相关理论基础。同时，依据国家各级部门关于师德师风建设的最新指示，强化了对"新时代加强教师队伍师德师风建设"的价值认知，牢牢把握了新时代背景下师德师风建设工作的总体要求与落实维度，较好地确立了本研究的研究重点与方向。

2. 实地调查法——访谈法

本研究主要采用实地调查法中的访谈法来搜集研究资料。"访谈法"是一种研究型交谈方法，研究者对被研究者开展提问，与之交谈，进而获取、建构第一手资料。此类资料搜集方法能够较为充分地了解被研究者对于所研究问题的所思所想、所感所悟，通过二者良性互动，掌握他们的专属解读与特有看法，研究者亦能在交往互动的过程中开展个体反思，获得对自身研究的整体性理解。与其他研究手段相比，访谈法更适合本研究。本研究拟选取 9 位大中小学教师，对其开展深入访谈，以期了解大中小学教师对于新时代师德师风建设过程中存在的问题以及困境形成的相应原因，并基于此提出优化对策。其中，受访人员编号情况为：学前教育阶段受访教师 2 名（T1、T2）；义务教育阶段受访教师 3 名（T3、T4、T5）；高中教育阶段受访教师 2 名（T6、T7）；高等教育阶段受访教师 2 名（T8、T9）。访谈内容主要包括各级各类教师视角下我国当前师德师风建设的主要做法、成就与经验；各级各类教师对于当前师德师风建设所存在的不满之处；当前师德师风建设存在问题主要受到哪些因素影响；各级各类教师对于加强新时代师德师风建设的重要建议等。

第一章　中国师德师风建设的历史演变

教师是一种跟学校共始终的职业。[①] 新中国成立以来，我国通过多举措明晰师德师风建设工作，全方位促进师德师风建设制度化、立体化，加强师德师风建设改革等方式，不断完善与发展师德师风的各项制度建设思想与具体实践。本研究涵盖了对我国师德师风建设在组织规划、建设目标、建设内容、建设方式、考核评价等多个关键模块的发展历程的探究。

第一节　1949~1977 年：多举措明晰师德师风建设工作

在新中国成立至改革开放前（1949~1977 年）这 20 余年里，师德师风建设整体上主要呈现零星分散、不够科学的特点。这一时期，党和国家多措并举，通过做好各级各类教师思想政治教育工作、要求各级各类学校设立相应部门，以及强调兼顾教师的政治与业务学习等方式初步探索了师德师风建设工作。诚然，虽然彼时党和国家始终高度重视教师队伍的师德师风建设，对于师德师风建设的重要价值和时代意义有所把握，但是尚未建立与形成较为完备的师德师风建设制度、法规、政策和机制，对于师德师风建设的规划与开展尚未系统、明晰。

---

① 瞿葆奎主编《教育学文集·教师》，人民教育出版社，1991，第 3 页。

一 强化引领工作，做好各级各类教师思想政治教育工作

新中国成立初期百废待兴，教育改革亦刻不容缓，亟须将"旧教育"转变为民族的、科学的、大众的"新教育"。因此，在宏观层面，党和国家积极强化了对各级各类教师进行思想政治教育的引领工作，旨在摒弃不符合社会主义建设需要的教育理念，[①] 构建一支契合"新教育"体系的教师队伍。

1952年3月，《中共中央关于在高等学校中进行"三反"运动的指示》发布，高度评价了在北京各大学中所进行的"三反"运动的实际成效，将其定义为极其具体、深刻、有效的一场思想改造运动，需将此类经验在全国各地推广，依靠学生群众帮助教师进行思想检讨，[②] 提高教师队伍的政治觉悟与思想素养。是月18日，教育部发布了《小学暂行规程（草案）》《中学暂行规程（草案）》，规定教师需要对中小学的教育、教学工作负责。8月，教育部党组向中共中央递交了《关于在高等学校试行政治工作制度的报告》，提到在对教师队伍进行整顿工作中已然取得的成效："全国高等学校经过'三反'运动和思想改造、组织清理以后，进一步肃清了封建、买办、法西斯思想，批判了资产阶级思想，整顿了教师的队伍，初步树立起工人阶级的思想领导，群众的政治觉悟和我党在群众中的威信均空前提高。"[③] 1953年5月，毛泽东主持召开中共中央政治局会议讨论教育工作，商议确定了各级教育在领导、教材、学制等方面的原则和方针。会议决定从宣传教育部门、青年团抽调干部充实大学的领导队伍，[④] 进一步强化了党中央对高校教师思

---

① 朱炎军：《中国共产党领导高校教师队伍建设的发展历程与逻辑理路》，《教师教育学报》2022年第2期，第10~20页。

② 《建国以来重要文献选编》（第3册），中央文献出版社，1992，第117页。

③ 《中共中央转发中央教育部党组〈关于在高等学校试行政治工作制度的报告〉》，山西党史网，https://www.shanxidsfz.gov.cn/Browse/ArticleView/ArticleInfo.aspx? ID = 100029000 000002811。

④ 《党史上的今天（5月17日）》，中国政府网，http://www.gov.cn/ztzl/17da/content_74 1199.htm。

想政治教育的引领工作。1954 年,《中央人民政府政务院关于改进和发展中学教育的指示》发布,专门提出"加强教师政治、文化与业务学习,对改进教学工作提高中学教育质量是有决定作用的"[①]。20 世纪 60 年代初,党中央提出必须进行教育革命。1961 年 9 月起,中央先后印发试行了《教育部直属高等学校暂行工作条例(草案)》(又称《高校六十条》)、《全日制中学暂行工作条例(草案)》(又称《中学五十条》)以及《全日制小学暂行工作条例(草案)》(又称《小学四十条》),进一步明晰了各级各类教师的专有职责义务与职业道德规范。其中,《高校六十条》对高等学校教师的教育教学、学术科研、思想道德等建设工作提出了具体要求。展开来说,教师要做到认真教学、严格要求、启发学生、因材施教;[②] 教师是开展学校科研工作的主要力量;学校需做好师生的思想政治工作,正确处理红与专的关系;等等。[③] 1964 年 9 月,中央发布了《关于组织高等学校文科师生参加社会主义教育运动的通知》,指出需积极组织高等学校文科师生参与社会主义教育运动,在实际斗争中让他们接受教育和锻炼,提高师生的社会主义觉悟。[④]

二 强调主体责任,要求各级各类学校设立相应部门

中观层面,这一时期则着眼于学校这一场域,进行了多举措探索。一方面,将师德师风建设责任落实到具体的部门、组织与个人,尤为强调学校行政领导、学校党团组织等主体的相应责任;另一方面,则通过设立诸如政治工作机构、政治辅导处、政治理论课教研组等师德师风建设的相关部门、机构,推进学校教师的政治理论学习、思想建设等工作。

1950 年,中共中央颁布了《高等学校暂行规程》,明确了高等学校

---

① 《中央人民政府政务院关于改进和发展中学教育的指示》,《人民教育》1954 年第 7 期,第 16~17 页。

② 何东昌:《中华人民共和国重要教育文献(1949~1975)》,海南出版社,1998,第 1061~1062 页。

③ 方惠坚等编著《蒋南翔传》,清华大学出版社,2013,第 289 页。

④ 《中共中央、国务院发出〈关于组织高等学校文科师生参加社会主义教育运动的通知〉》,红星网,https://www.hxw.gov.cn/content/2012/09/11/389217.html。

校长的职能,① 彰显了对学校教职工专业、文化和思想等方面的全方位的重视。1952 年 10 月,教育部正式发布了《关于在高等学校有重点地试行政治工作制度的指示》,文件指出亟须进一步在高等学校中建立政治工作制度,以加强政治领导,开展马克思列宁主义的思想建设,为全国高等教育建设事业打下坚实的政治基础……全国高等学校在思想改造和组织清理以后,应有准备地在校内设立政治工作机构,其名称可称为政治辅导处。其主要任务包括"指导全体教职员工的政治理论学习""指导全校教职员工和学生的社会活动""掌握教职员和学生的政治思想情况,管理教职员和学生的历史、政治材料,主持毕业学生的鉴定,参加毕业生的分配工作,参与教职员的聘任、升迁、奖惩等工作"等。② 1954 年底,高等教育部在《1954 年的工作总结和 1955 年的工作要点》中提出,政治理论课教研组的主要任务包括组织和指导全体教师的政治理论学习和学术批判工作,以便统一广大师生的思想战线。③ 1955 年,中宣部召开全国学校教育工作座谈会,重点讨论了培养学校领导骨干、加强教师队伍素质建设的核心问题。会议指出,学校行政领导和学校的党团组织对教师和学生的共产主义道德教育和全面发展都负有重大责任④,从学校顶层设计层面统筹教师道德教育,以实现教师队伍的思想统一与步调协同。是年 12 月,国家发布《关于配备高等学校政治工作干部的指示》,进一步详细指明了配备政治工作干部的时间节点,即"各类高等学校须在 1956 年 3 月前配齐或调整党委书记、人事处长等政治工作领导干部,并且充实党团组织和人事保卫等部门"⑤,

---

① 《中央人民政府教育部颁布高等学校暂行规程》,广东省人民政府,http://www.gd.gov.cn/zwgk/gongbao/1950/4/content/post_3352072.html。
② 何东昌:《中华人民共和国重要教育文献(1949~1997)》,海南出版社,1998,第 176 页。
③ 高等教育部办公厅:《高等教育文献法令汇编》(第三辑),中央人民政府高等教育部办公室,1956,第 8 页。
④ 全国普通高校"两课"教育教学调研工作领导小组编《普通高校思想政治教育课程文献选编(1949~2003)》,中国人民大学出版社,2003,第 26 页。
⑤ 王树荫、王炎:《新中国思想政治教育史纲(1949—2009)》,人民出版社,2010,第 127 页。

以助力高校教师队伍思想政治工作。1958 年 9 月,《关于教育工作的指示》规定:"学校党委应当在教师中经常注意进行思想改造工作……在提拔师资时应首先注意政治思想条件、学识水平和解决实际问题的能力。"① 1959 年国家颁布的《关于高等学校师资的补充、培养和调配问题的规定》指出教育行政部门和高等学院需帮助现有教师在工作中改造思想、提高政治理论和业务水平。②

三 加强教师培训,提升教师的政治素养与业务能力

着眼于微观层面,这一时期则以"培养无产阶级世界观,兼顾教师的政治与业务学习"为师德师风建设的主要内容,以各级各类教师的批评与自我批评为师德师风建设的主要路径,尤为强调师德师风建设的社会主义性质,注重对知识分子进行思想政治改造。

1950 年,毛泽东向广大知识分子发出运用分析的方法"开展批评与自我批评"③的号召。进一步指出,各级各类教师要摆脱旧时"三座大山"——帝国主义、封建主义、官僚资本主义的不良思想,非党员教师应积极入党,党员教师需积极团结身边同志,④ 对自己的教育教学工作做出正确的分析,主动地开展批评与自我批评,以强化自身的师德师风建设。1951 年,周恩来为北京、天津高校的 1700 多名教师作了题为"关于知识分子的改造问题"的报告,报告指出,在社会主义建设时期,知识分子的思想政治改造具有其历史必然性和重要性,实现思想意识和政治认识的根本转变是知识分子更好地为新中国发展服务的现实需要。⑤ 1953 年,《中央人民政府政务院关于整顿和改进小学教育的指示》提出,"具有初级师范学校毕业程度以上的教师,应着重学习政治

---

① 教育大辞典编纂委员会编《教育大辞典》(第 10 卷),上海教育出版社,1991,第 66~67 页。
② 何东昌:《中华人民共和国重要教育文献(1949~1975)》,海南出版社,1998,第 905 页。
③ 《毛泽东文集》(第 3 卷),人民出版社,1996,第 73 页。
④ 谷丽:《新时代高校师德师风建设研究》,博士学位论文,安庆师范大学,2022。
⑤ 王树荫、王炎:《新中国思想政治教育史纲(1949—2009)》,人民出版社,2010,第 116 页。

与业务"，①自觉提升个人综合素养。1955 年 4 月，教育部发布《关于中学教育工作汇报会的通报》，通报指出各中学的领导干部要亲自领导教师学习，并通过对教学工作的领导来提高教师的政治和业务水平。②

综合来看，1949～1977 年这 20 余年间，党和国家在师德师风建设工作上做出了从宏观、中观到微观的多样态初步尝试，所颁布的相关政策文件虽没有直接明确地表述出"加强教师队伍的师德师风建设"之意，但是在建设内容上，对于各级各类教师应该具备的公共道德、专业能力、职业道德等都有了较为明晰的要求，这充分体现在对教师的思想政治工作和日常教育教学工作要求中；同时，在组织规划上，也多从顶层制度设计的角度出发，要求建立健全教师队伍思想政治（师德师风）建设的领导班子、负责部门，为规划好、发展好、维护好教师队伍师德师风建设奠定人力与组织基础。

第二节　1978～2011 年：全方位促进师德师风建设制度化

1978 年，中共中央召开十一届三中全会，对全国范围内的思想、政治、经济、教育等诸多领域开展相应工作，自此之后，我国师德师风建设正式迈入发展阶段。这一阶段，党和国家全方位、立体化地促进师德师风建设制度化，从顶层设计的层面不断重申了师德师风建设的重要性，渐进强化了各级各类教师职业道德理想信念教育，稳步推进了师德师风建设的相关政策制定实施，较为全面、细致地对教师队伍师德师风建设展开规划，极大地促进了教师队伍师德师风建设迈向正规化。

---

① 周恩来：《中央人民政府政务院关于整顿和改进小学教育的指示》，《人民教育》1954 年第 1 期，第 6～8 页。
② 石长林：《中国教师政策研究——基于教育政策内容的视角》，博士学位论文，华中师范大学，2005。

一 提法统一，厘清了师德师风建设的科学内涵

1978～2011 年这 30 余年间，关于"师德师风建设"的重要提法也逐步统一，"教师职业道德规范""加强教师队伍建设""师德建设""师风建设"等诸多表述逐渐演化并确立为"加强师德师风建设"，对教师队伍师德师风建设的要求也更为科学细致，多从思想素养、专业知识、师生交往、教学能力等方面进行规范。

在 20 世纪 90 年代，国家对教师队伍师德师风建设的提法更加明确，多以"教师职业道德规范"代之，亦有诸如"师德建设"的明确提法。例如，1999 年，国务院批转了教育部规划制定的《面向 21 世纪教育振兴行动计划》，以十二条方针的积极落实，引领实现提高全民族、全国人民素质和创新能力的宏大目标。行动计划第二条强调，要实施"跨世纪园丁工程"，大力提高教师队伍素质。明确指出，加强师德建设是大力提高教师队伍综合素养的关键之举，[1] 这是有史以来第一次在"加强教师队伍建设"相关表述中加入"师德建设"这一提法。而进入 21 世纪，国家对加强教师队伍师德师风建设工作的总体目标与具体要求更加明确，关于"师德建设""师风建设""师德师风建设"的提法更为统一。2000 年，《关于加强中小学教师职业道德建设的若干意见》印发，主张以《中华人民共和国教师法》、各级各类《教师职业道德规范》等法律法规为标杆，主动适应师资建设需要，适应时代发展需要，适应素质教育需要，实施"教师继续教育工程"，将职业道德教育作为必修课程，促使广大教师自觉遵纪守法、追求真理、热爱学生、为人师表、关心集体。[2] 此外，21 世纪初期，教育部积极开展了学术道德建设，组织构建了学术道德组织、规范、监督评价机制等三大体系，

---

[1] 教育部法制办公室编《学前教育政策法规规章汇编》，首都师范大学出版社，2014，第 132～140 页。

[2] 《中共中央办公厅 国务院办公厅关于适应新形势进一步加强和改进中小学德育工作的意见》，《中华人民共和国国务院公报》2001 年第 4 期。

针对学术道德规范体系，教育部通过出台一系列有关文件和规定，逐步形成了"全领导、细责任、同配合、强监督"的学风建设工作体制。① 2002 年，江泽民在第 18 个教师节到来之际，在北师大建校 100 周年大会上发表重要讲话，指出需深入实施科教兴国战略，大力推进现代教育创新，要求广大教师率先垂范，"做先进生产力和先进文化发展的弘扬者、推动者"，"做青少年学生健康成长的指导者与引路人"，应积极关心与全力支持教师的生活与工作，大兴尊师重教、尊师重道之风。②

　　2005 年 1 月，教育部出台了《关于进一步加强和改进师德建设的意见》，这是第一次以官方发布专门制度文件的方式对教师队伍的"师德建设"提出新要求，这也是"师德建设"表述首次出现在国家官方文件名中，标志着教师队伍师德师风建设新纪元的来临，对推动新时期教师队伍的师德师风建设具有无比重大的意义。该文件首先从教师队伍现有规模、现存问题、教育外部环境等方面明确了加强、改进师德建设的意义和价值，其次确定了新时期师德建设的核心——"热爱学生、教书育人"，最后明晰了师德建设的出发点——"教师个人化成长"。③ 2007 年 8 月，胡锦涛同志在全国优秀教师代表座谈会上的讲话中强调，"必须高度重视和切实加强教师队伍建设……形成尊师重教的良好社会风气"，并对广大教师提出了爱岗敬业、关心学生，刻苦钻研、严谨笃学，勇于创新、奋发进取，淡泊名利、志存高远等四点殷切期望。④ 2010 年，《国家中长期教育改革和发展规划纲要（2010—2020 年）》出台，文件第四部分保障措施中的第十七章提到"加强教师队伍建设"，其中明确要求了要"加强师德建设"。加强教师职业理想和职业道德教育，增强广大教师的责任感、使命感。教师须关

---

① 《中国教育年鉴》编辑部：《中国教育年鉴 2010》，人民教育出版社，2011，第 350 页。

② 江泽民：《江泽民同志在庆祝北京师范大学建校一百周年大会上的讲话》，《民主》2002 年第 10 期，第 1 页。

③ 《教育部关于进一步加强和改进师德建设的意见》，中华人民共和国教育部，http://www. moe. gov. cn/srcsite/A10/s7002/200501/t20050113_145826. html。

④ 胡锦涛：《在全国优秀教师代表座谈会上的讲话》，人民出版社，2007。

爱学生、严谨笃学、淡泊名利、自尊自律，以人格魅力与学识熏陶教育学生。同时，将师德表现作为教师考核、聘用和评价的首要内容，并建立长效机制，以形成良好学术道德和学术风气。①

二 制度改革，完善了师德师风建设的顶层设计

这一时期，党和国家出台了一系列政策性文件，通过明确教师职业道德内涵、教师考核方式、教师奖惩制度等具体内容，逐步实现师德师风建设的制度化与规范化。

1979年11月，教育部颁布了《关于高等学校教师职责及考核的暂行规定》，提出对高等学校各级教师的考核主要综合政治表现、业务水平和工作成绩三方面，其中，"政治表现"一项主要考量的是教师的思想政治表现、道德品质和工作态度。② 此项规定为提高各级教师的积极性与创造性，监督、督促以及规范教师的思想政治工作、教书育人工作奠定了制度基础。同年，教育部与国家计委联合下发了《关于评选特级教师的暂行规定》，其中明确规定了特级教师的4条评选条件与1条奖励办法，初步建立了特级教师制度，③ 为教师队伍师德师风建设的奖惩制度初步奠定了基础。1980年4月，《建设部关于加强部属高等学校学生思想政治工作的意见》颁布，对各级各类教师参与学生思想政治工作做出了最新部署，同时也对教师自身的思想政治素养提出了相应要求。文件指出不仅专职、兼职的政工干部要做思想政治工作，业务课教师也要做思想政治工作。④ 1983年8月，教育部门颁布了相应的文件，对"合格的中小学教师"拟定了科学意涵，即政治思想、身心素养、专业学历等多方面的均衡发展，指出教师需在政治上

---

① 《国家中长期教育改革和发展规划纲要（2010—2020年）》，中国政府网，https://www.gov.cn/jrzg/2010-07/29/content_1667143.htm。
② 何东昌：《中华人民共和国重要教育文献》，海南出版社，1998，第1757～1758页。
③ 《教育部对十二届全国人大四次会议第9278号建议的答复》，中华人民共和国教育部，http://www.moe.gov.cn/jyb_xxgk/xxgk_jyta/jyta_jiaoshisi/201610/t20161019_285632.html。
④ 《建设部关于加强部属高等学校学生思想政治工作的意见》，《高等建筑教育》1990年第3期。

拥护中国共产党的领导、忠诚于社会主义教育事业①。1984 年《关于加强高等学校学生思想政治工作的意见》指出各校要根据具体情况建立政治辅导员制度或班主任制度，根据各校情况，建立一支相对稳定的政工干部队伍。② 同年 10 月，《中小学教师职业道德要求（试行草案）》颁布，从政治素养、教书育人、严谨治学、热爱学生、团结协作、为人师表等方面对中小学教师职业道德提出了具体要求，具体包括热爱人民教育事业、遵循教育规律、奉公守法、以身作则等。同年11 月，《关于加强高等学校思想政治工作队伍建设的意见》由中共中央宣传部和教育部联合发出，该文件提出高等学校的根本任务是"为社会主义现代化建设培养德、智、体全面发展的又红又专的人才"，为达成这一目标，要建立一支精干有力、又红又专的思想政治工作队伍，思政工作人员须在思想政治上与党中央保持一致。③

1985 年 5 月，《中共中央关于教育体制改革的决定》发布，这是改革开放以后面向教育领域所颁布的极为重要的文件，有效推动了教育事业在经济发展的基础上的长足发展。该文件第五部分指出，须积极调动各方因素，确保新时期教育体制改革的顺畅进行。需通过提高教师社会地位与经济待遇，加强教师思想政治与专业素养培训，在社会范围内大力发扬尊重各级各类教师的良好风尚，对教师工作赏罚分明等方式，逐步"建立起一支有足够数量的、合格而稳定的师资队伍"，"使教师工作成为最受人尊重的职业之一"④，这为加强教师队伍师德师风建设从制度上奠定了良好基础。1986 年 3 月，国务院发布《高等教育管理职责暂行规定》，提及了需通过"制订高等学校人事管理的规章制度"

① 顾明远、申呆华主编《学校考试与命题管理运作全书》，开明出版社，1995，第 849～851 页。
② 冯刚、沈壮海主编《中华人民共和国学校德育编年史》，中国人民大学出版社，2010，第 6 页。
③ 《关于加强高等学校思想政治工作队伍建设的意见（文件摘编）》，《高教战线》1985 年第 3 期。
④ 《中共中央关于教育体制改革的决定》，上海市教育委员会，https://edu.sh.gov.cn/jydd_zc-wj_flfg/20101202/0015-jydd_264.html。

"规划、组织高等学校师资队伍和干部队伍建设"，① 更好地加强和改进对高等教育的规划、指导与管理。此外，《高等学校教师职务试行条例》也一同颁布，明确了高等教育中各级各类教师的职责、任职条件、任职资格评审、聘任及任命办法等，进一步规范了对高等学校教师的管理工作，激励教师不断提高思想道德素养水平、教育教学水平、学术科研能力等。同年 7 月起，《中华人民共和国义务教育法》开始施行。其中明确规定了，全社会应尊重教师，保障教师的合法权益，提升教师的社会地位，改善教师的物质待遇。教师应努力提高自己的思想、文化、业务水平，爱护学生，忠于职守。② 同年 9 月，《中、小学教师考核合格证书试行办法》发布，规定了获得教师考核合格证书的基本要求，包括思想品德好、专业知识考试及格、教学能力及格、教材教法考试及格等，将教师的"思想品德"置于教师考试合格认证的首位。1987 年 5 月，中共中央发布《关于改进和加强高等学校思想政治工作的决定》，强调教师在办好人民教育事业进程中的决定性作用、促进教师队伍思想政治水平提升以及督促教师真正做到教书育人等三个方面。明确指出，"加强教职工队伍的思想建设，大力提倡教书育人、服务育人。办好社会主义的高等学校，培养德才兼备的学生，教师起着决定性的作用。教师的思想品德对学生有潜移默化的影响。教师把思想政治教育与教学工作结合起来……教师坚持正确的政治方向，忠诚于人民的教育事业，全面关心学生的成长，努力做到教书育人，为人师表"③。是年 8 月，《中共国家教委党组、中共中央宣传部关于加强研究生思想政治工作的几点意见》指出，为培养德才兼备的高层次、高质量、高水平人才，需从完善研究生思想政治工作的机构入手，打造政治品质好、思想理论修养高、组织工作能力强的教师队伍，为做好学生思政工作奠定坚实

① 中华人民共和国司法部编《法律法规全书》（第 21 版），中国法治出版社，2023，第 463 页。
② 李鹏：《关于中华人民共和国义务教育法（草案）的说明》，《中华人民共和国重要教育文献》，海南出版社，1998，第 2410 页。
③ 《十二大以来重要文献选编》（下），人民出版社，1988，第 1417 页。

基础。①

1991 年 8 月，《中小学教师职业道德规范（修订版）》从政治素养、教书育人、严谨治学、热爱学生、团结协作、为人师表六个方面对教师职业道德做出规范，要求教师热爱教育事业，不断提高科学文化和教育理论水平，热爱学生，作风正派等。② 1993 年，《中国教育改革和发展纲要》对彼时教育面临的形势和任务，教育事业发展的目标、战略和指导方针，开展教育体制改革，贯彻教育方针、提高教育质量，加强教师队伍建设，优化教育经费管理等做出了具体安排。其中，"教师队伍建设"部分特别提出：振兴民族的希望在教育，振兴教育的希望在教师，教师必须努力提高自己的思想政治素质和业务水平；热爱教育事业，教书育人，为人师表；精心组织教学，积极参加教育改革，不断提高教学质量。③ 1994 年 1 月 1 日起，《中华人民共和国教师法》正式颁布施行，从人民教师的权利与义务、资格和任用、培养和培训、考核、待遇、奖励以及法律责任等七个方面对教师工作进行了详尽阐释，在论述教师"职责与义务"时强调，教师应不断提高自身的思想政治觉悟和教育教学业务水平，要求从思想与专业两个层面加强自身建设。然而，《中华人民共和国教师法》虽从法理上对教师的职业性质做出明确的规定，也对教师的职业道德做出一定规范，但未专门将此表述成"教师队伍的师德师风建设"，由此可见，当时我国师德师风建设仍处于发展阶段。

1995 年 12 月，为提高各级各类教师素质，加强全国教师队伍建设，国务院颁布《教师资格条例》，从教师资格分类与适用、资格条件、资格考试、资格认定以及惩罚细则等方面对教师工作做出明确规

---

① 《中共国家教委党组、中共中央宣传部关于加强研究生思想政治工作的几点意见》，法搜网，https://www.fsou.com/html/text/chl/411/41195.html。
② 国家教育委员会师范教育司编《师范教育工作资料汇编（1988—1995 年）》，东北师范大学出版社，1996，第 15 页。
③ 《中国教育改革和发展纲要》，中国大百科全书，https://www.zgbk.com/ecph/words? SiteID = 1&ID = 115306&Type = bkzyb。

定，进一步强化了教师的职业地位。① 1997 年 1 月，国家教委制定并发布了关于高等学校教师岗前培训的《高等学校教师岗前培训暂行细则》与《高等学校教师岗前培训指导纲要》，主要通过专题讲座、教学观摩、模范授课等方式对新加入高等学校教育教学工作中的人员进行培训，旨在实现促使教师明确高校教师的权利、义务与行为规范，熟知最基本的高等教育领域的科学知识，树立崇高的社会主义高等教育理想等三个主要目标，② 推动教师更好地履行自身岗位职责。1997 年 9 月，《中小学教师职业道德规范》得到修订。新规范主要聚焦于教师群体需要与时代诉求，主要表述为依法执教、爱岗敬业、热爱学生、严谨治学、团结协作、尊重家长、廉洁从教与为人师表。③ 从公共道德、专业发展、人际交往等层面等对中小学教师的职业道德提出了新的建议，彰显了中小学教师从教应具备的道德品质与专业要求。1998 年 8 月，《中华人民共和国高等教育法》审议通过，其中，第五章"高等学校教师和其他教育工作者"提到，需要结合教师的"思想政治表现、职业道德、业务水平和工作实绩"对教师进行个人化考核，④ 以此综合考量结果为奖惩教师的具体依据，从法律的角度对教师的职业道德素养做出了规定要求。1998 年末，《特殊教育学校暂行规程》发布，其中第三十六条与第三十九条均提及，任职于特殊教育学校的教师需掌握特殊教育的知识与技能，遵守教师职业道德，要加强其思想政治与职业道德教育。⑤

1999 年 6 月，江泽民同志在第三次全国教育工作会议上的讲话中指出："教师是人类灵魂的工程师。在我国，人民教师是社会主义精神

---

① 《教师资格条例》，国家法律法规数据库，https://flk.npc.gov.cn/detail2.html? ZmY4MDgwODE2ZjNlOTc4NDAxNmY0MWU0YzA5YjAxNGI。
② 楼世洲：《高校教师岗前培训制度化的理论与实践研究》，《高等师范教育研究》1999 年第 2 期。
③ 《中小学教师职业道德规范》，《人民教育》1997 年第 10 期。
④ 《中华人民共和国高等教育法（1998 年 8 月 29 日第九届全国人民代表大会常务委员会第四次会议通过）》，《中国高等教育》1998 年第 10 期。
⑤ 《特殊教育学校暂行规程》，《现代特殊教育》1999 年第 7 期。

文明的传播者和建设者。"① 教师"一定要在思想政治上、道德品质上、学识学风上，全面以身作则，自觉率先垂范，这样才能真正为人师表"，② "既要有脚踏实地、乐于奉献的工作态度，又要有淡泊明志、甘为人梯的精神境界，以自己的高尚人格教育和影响学生，努力成为青少年学生的良师益友，成为受到全社会尊敬的人"。③ 教师需从思想、道德、专业等方面积极磨炼自身，提高自身师德素质，真正做到学为人师、行为世范。同年 6 月中旬，《中共中央 国务院关于深化教育改革全面推进素质教育的决定》发布，强调着重关注教师队伍的师德师风，以推动教师队伍建设。指明推进全民族素质教育，亟须加强高质量教师队伍建设，教师须树立正确的教育观、人才观，不断提升自身的思想政治修养与专业技术水平，爱岗敬业，关爱学生。④ 是年 8 月印发的《关于新时期加强高等学校教师队伍建设的意见》将高等院校教师队伍建设工作推向新发展阶段，以"加强教师思想政治工作，提高教师职业道德水平"为重点，通过制定职业道德规范、表彰优秀教师、宣传模范教师、将"教师职业道德"列入考核等方式，加强高等院校教师队伍师德师风建设。⑤

2008 年 9 月，《中小学教师职业道德规范》发布执行，相较于 1997 年版有所精简，主要从爱国守法、爱岗敬业、关爱学生、教书育人、为人师表和终身学习六个方面对教师提出了具体要求，⑥ 其中"为人师表"一条，从高尚情操、言行举止、为人作风等方面对教师的师德师风进行了规定与约束。2009 年 3 月，《教育部关于严肃处理高等学校学术不端行为的通知》发布，表明了对学术不端"零容忍"的坚决态度，

---

① 《江泽民文选》（第 2 卷），人民出版社，2006，第 337~338 页。

② 《十五大以来重要文献选编》（中），人民出版社，2001，第 886 页。

③ 《江泽民文选》（第 3 卷），人民出版社，2006，第 502 页。

④ 《中共中央 国务院关于深化教育改革全面推进素质教育的决定》，《中国高等教育》1999年第 Z1 期。

⑤ 《关于印发〈关于新时期加强高等学校教师队伍建设的意见〉的通知》，中华人民共和国教育部，http://www.moe.gov.cn/s78/A04/s7051/201410/t20141021_177417.html。

⑥ 《中小学教师职业道德规范（2008 年修订）》，《中国民族教育》2008 年第 9 期。

逐渐形成了对学术不端行为惩治的协同机制。该文件列举了包括抄袭、篡改、伪造、不正当署名等 7 种学术不端行为，明确指出，高校须将学术道德和学风建设作为教师培训的必修课，切实提升教师的学术自律性，逐渐建立健全学术道德和学术规范教育的长效机制。① 是年 8 月，新修正的《中华人民共和国教师法》第二章明确规定了教师的权利、义务以及其他教育部门的职责，指出教师应"不断提高思想政治觉悟和教育教学业务水平"②。

2010 年 7 月 13～14 日，中共中央、国务院召开了第四次全国教育工作会议，胡锦涛强调，"广大教师要增强教书育人的责任感和使命感，把教学作为首要任务，自觉加强师德建设，大力弘扬优良教风，努力提高业务水平，积极探索和实践教育教学规律……全心全意帮助学生全面发展，做学生健康成长的指导者和引路人"。③ 2011 年末，教育部等部门联合颁发了《高等学校教师职业道德规范》，这是我国首部针对高等学校教师制定的道德规范守则，是推动高校师德建设的指导性文件，也是新时期从上层建筑层面引领我国高校教师队伍师德师风建设所取得的重要成就。其主要从对彼时师德建设的突出问题的剖析入手，从爱国守法、敬业爱生、教书育人、严谨治学、服务社会和为人师表六方面详细规范了高校教师的职业责任与行为，并要求把学习贯彻落实此规范作为各类高等院校加强师德建设的首要任务，切实做好规范的学习宣传、落实师德要求、加强师德教育、完善师德考核、加强师德组织等五方面的工作。④

三 社会宣传，扩大了师德师风建设的影响范围

这一时期，加强师德师风建设的触角亦延伸至校外，党和国家以

① 《教育部关于严肃处理高等学校学术不端行为的通知》，中华人民共和国教育部，http://www.gov.cn/gongbao/content/2009/content_1388676.htm。
② 《中华人民共和国教师法》，中华人民共和国教育部，http://www.moe.gov.cn/jyb_sjzl/sjzl_zcfg/zcfg_jyfl/tnull_1314.html。
③ 胡锦涛：《在全国教育工作会议上的讲话》，人民出版社，2010，第 26～27 页。
④ 李文君：《高校教师职业道德规范解读》，《教育与职业》2012 年第 7 期。

"社会宣传"为抓手，着重优化了加强师德师风建设的隐性路径。主要通过表彰先进、出版专著、确立教师节、开展教育学习活动等方式，增进全社会对教育、教师工作的理解。

1978 年 3 月，邓小平在全国科学大会开幕式的讲话中做出重要推断，他认为，"科学技术正在成为越来越重要的生产力"，[①] 未来"越来越要求有更多的人从事科学研究工作"，[②] 因而需要"必须造就宏大的、又红又专的工人阶级知识分子队伍"。[③] 这也从侧面点明了教师对于国家教育事业和民族人才培养的重要意义，为改革开放之后教师专业发展、师资建设工作等拉开了序幕。1982 年，全国高校广泛开展了向当代知识分子优秀代表蒋筑英、罗健夫，身残志坚的张海迪，解放军英雄模范朱伯儒等先进人物的学习活动，号召广大教师对标各行各业先进人物，坚持正确的政治方向，树立崇高的远大理想。[④] 1983 年，《邓小平文选》在全国范围内公开出版发行，学习《邓小平文选》，争做"四有"（有理想、有道德、有文化、有纪律）新人，成为这一阶段各级各类教师思想政治教育的主要内容。此外，中共中央宣传部与中共中央书记处研究室联合发布了《关于加强爱国主义宣传教育的意见》，要求"各个民族、各个地方、各行各业、各个学科"都要"通过自己的业务，采取同自己的业务相结合的方法"[⑤] 开展爱国主义教育，教师亦需将爱国主义的十项内容融入自我教育与思想政治教育工作。

1992 年 10 月，为鼓励广大教育工作者长期从事教育事业，决定施行《教师和教育工作者奖励暂行规定》，坚持精神奖励和物质奖励相结合，以"全国优秀教师"、"全国优秀教育工作者"、"全国教育系统劳动模范"以及"人民教师"四类称号奖章嘉奖在教育事业中做出卓越

---

① 《邓小平文选》（第 2 卷），人民出版社，1994，第 88 页。

② 《邓小平文选》（第 2 卷），人民出版社，1994，第 89 页。

③ 《邓小平文选》（第 2 卷），人民出版社，1994，第 104 页。

④ 张艳：《高校教师思想政治教育研究》，博士学位论文，西南大学，2013。

⑤ 中共中央宣传部、中共中央书记处研究室：《关于加强爱国主义宣传教育的意见》，光明日报出版社，1983，第 16~17 页。

成绩、巨大贡献的教育工作者，以此鼓励全社会教育工作者向先进模范学习，激发社会范围内开展师德师风建设的动力。为进一步提升教师的政治社会地位，有序推进尊师重教氛围的形成，加强全国范围内师资队伍建设，国务院于1985年1月通过了关于建立教师节的议案，决定将每年的9月10日确定为教师节，以法律的形式保障了教师的地位。此外，1998~2000年，全国范围内广泛开展了以"讲学习、讲政治、讲风气"为主要学习内容的党性党风教育活动，简称"三讲教育"。①"三讲教育"在教育领域亦取得了巨大成效，党员教师的责任意识、政治意识、大局意识普遍增强，思想政治觉悟得到了显著提升，主动参与政治学习、思政教育活动的积极性亦得到了有效提高。

综上所述，1978~2011年这一阶段，是我国师德师风建设朝向制度化、规范化迈进的时期。通过"制度改革+提法统一+社会宣传"的方式，完善了师德师风建设的顶层设计，厘清了师德师风建设的科学内涵，并扩大了师德师风建设的影响范围。在建设规划与建设方式上，逐渐由分散化、无序化、狭窄化转变为法治化、正规化、多元化，主要表现为发展阶段前期常以"教师职业道德规范"一类短语代替表述"师德师风建设"，到2005年则正式出现"师德建设"的相关政策文本；在建设考核评价上，首次提出"完善师德考核"，将"严把教师品德关"放在教师队伍建设的重要位置。总体来看，这一时期，国家和地方均制定出台了关于教师职业道德的法律文件与意见通知，营造了从中央到地方、从高校到中小学都积极努力地推进教师队伍的师德师风建设的良好风尚，为日后形成规范化、制度化、常态化的师德师风建设机制奠定了坚实的理论与实践基础。

第三节　2012年至今：立体化完善师德师风建设体系

党的十八大以来，高素质、专业化、强道德的教师队伍建设工作被

---

① 胡锦涛：《总结和运用"三讲"教育经验 努力开创党建工作新局面》，《求是》2001年第2期。

屡次提及，师德师风建设工作亦相应地被置于教师队伍建设的重要位置，形成了师德师风建设"热潮"。通过进一步强化对师德师风建设的深刻体悟、建立健全长效有效的师德师风建设机制、严格执行师德师风"一票否决"考核制等方式，无论是在政策引领上，还是在央地政府衔接上，抑或在基层落实上，师德师风建设都呈现出了较为成熟、科学、系统的良好态势。因而，从 2012 年至今的十余年可看作我国师德师风建设的立体化发展阶段。

一　进一步强化对师德师风建设的重视程度

为适应教育高质量发展的需要，贯彻落实科教兴国、人才强国战略，构建一支高水平、严要求、专业化的教师队伍，党中央高度重视教师队伍的师德师风建设，相继提出了诸如"四有好老师""四个引路人""四个相统一""中国特有的教育家精神"等新的希望和要求，进一步深化了对新时代加强师德师风建设的科学认知。

2012 年，教育部相继印发了从幼儿园到小学再到中学的教师专业标准（均为试行版），作为教师教育、入职、培训、考核等工作的重要参照。其中《中学教师专业标准（试行）》在基本理念与基本内容部分均提及了教师的师德建设：一是遵循以"师德为先"的基本理念，教师须具备职业理想，践行教师职业道德规范；二是做好"专业理念与师德"维度的建设，教师须从职业理解与认识、对学生的态度与行为、教育教学的态度与行为、个人修养与行为四方面约束自己，构筑自身优良高尚的职业道德，为人师表。① 2012 年 3 月中旬发布的《教育部关于全面提高高等教育质量的若干意见》，第一次将"师德师风"并列而谈，明确指出，要"加强师德师风建设"，彰显了对教师队伍师德师风建设的重视程度。具体说来，需要通过制定教师职业道德规范、加强

---

① 《教育部关于印发〈幼儿园教师专业标准（试行）〉〈小学教师专业标准（试行）〉和〈中学教师专业标准（试行）〉的通知》，中华人民共和国教育部，http://www. moe. gov. cn/srcsite/A10/s6991/201209/t20120913_145603. html。

师德师风宣传教育与培训、健全师德师风考核机制、制定高校学风建设条例、对师德师风失范问题"零容忍"等方式，强化新时期师德师风建设，提升高等教育的教育质量。2013年9月9日，习近平总书记在第29个教师节到来之际，向全国教师致慰问信，提出包括"牢固树立中国特色社会主义理想信念，带头践行社会主义核心价值观，自觉增强立德树人、教书育人的荣誉感和责任感，学为人师，行为世范"等在内的对广大教师的具体要求，同时强调，各级各类部门"要把加强教师队伍建设作为教育事业发展最重要的基础工作来抓"，整个社会"要大力弘扬尊师重教的良好风尚"。① 2014年9月，习近平总书记在同北京师范大学师生代表座谈时强调了教育的重要意义、教师对于国家进步与民族复兴的重大价值，并论述了"如何成为一名好老师"这个关键议题。习近平总书记提出，好老师有四个"要有"，分别是"要有理想信念""要有道德情操""要有扎实学识""要有仁爱之心"。习近平总书记进一步指出，"师德是深厚的知识修养和文化品位的体现"。基于教师的职业特性，教师必须是道德高尚的一类人群，好老师应不断提高自身道德修养，积极培育自身高尚师德。②

2015年8月，《关于深化中小学教师职称制度改革的指导意见》发布，文件指出需完善评价标准，将教师教书育人工作的专业、实践与长期性纳入考虑范畴，综合考量教师的师德素养、工作业绩、教育方法、专业能力等。③ 9月，习近平总书记在给"国培计划（二〇一四）"北师大贵州研修班参训教师回信时对广大教师提出了殷切期望，总书记在信中写道，"希望你们牢记使命、不忘初衷，扎根西部服务学生，努力做教育改革的奋进者、教育扶贫的先行者、学生成长的引领者"④。

① 《习近平向全国广大教师致慰问信》，《人民日报》2013年9月10日，第1版。
② 习近平：《做党和人民满意的好老师》，《人民日报》2014年9月10日，第2版。
③ 《人力资源社会保障部 教育部关于印发〈关于深化中小学教师职称制度改革的指导意见〉的通知》，中华人民共和国人力资源和社会保障部，https://www.mohrss.gov.cn/xxgk2020/fdzdgknr/zcfg/gfxwj/rcrs/201509/t20150902_219575.html。
④ 《习近平总书记给"国培计划（二〇一四）"北师大贵州研修班参训教师的回信》，《人民日报》2015年9月10日，第1版。

2016 年 6 月，高等学校新入职教师国培示范项目启动实施，旨在帮助教师提高师德修养，树立正确的职业道德与理想，掌握基本的教育教学技能，为今后教师生涯发展打下良好基础。同年 9 月 9 日，习近平总书记在看望八一学校师生时强调，"希望广大教师认清肩负的使命和责任，教育和引导学生热爱祖国、热爱人民、热爱中国共产党"，"各级党委和政府要满腔热情关心教师，让广大教师安心从教、热心从教、舒心从教、静心从教"。① 同年 12 月 7 日，习近平总书记在全国高校思想政治工作会议中强调，教师作为传道者，自己首先要明道、尊道、信道。教师需要不断加强自身的师德师风建设，"坚持教书和育人相统一，坚持言传和身教相统一，坚持潜心问道和关注社会相统一，坚持学术自由和学术规范相统一"，坚持教书育人两不误，探寻真理与社会实践相结合路径，兼顾学术自由与规范，言传身教兼备，尽力做到"以德立身、以德立学、以德施教"。② 2017 年 5 月，习近平总书记对黄大年同志的先进事迹做出重要指示，期望广大教师以他为标杆，怀有心有大我、至诚报国的爱国之情，秉持教书育人、敢为人先的敬业精神，从本职岗位做起，把祖国富强、民族复兴、人民幸福作为自身的毕生所求，磨炼、锻造高尚师德师风。③ 同年 10 月，习近平总书记在党的十九大报告中强调，"加强师德师风建设，培养高素质教师队伍，倡导全社会尊师重教"，④ 从上层建筑、国民生计的高度对新时代教师发展与师资队伍建设提出明确要求，把加强教师队伍的师德师风建设提到了前所未有的新高度。

　　2018 年，我国师德师风建设工作进入高潮。各级各类教师队伍的

---

① 《习近平在北京市八一学校考察时强调 全面贯彻落实党的教育方针 努力把我国基础教育越办越好》，中国政府网，https://www.gov.cn/guowuyuan/2016-09/09/content_5107047.htm。

② 《把思想政治工作贯穿教育教学全过程 开创我国高等教育事业发展新局面》，《人民日报》2016 年 12 月 9 日，第 1 版。

③ 《习近平对黄大年同志先进事迹作出重要指示》，《人民日报》2017 年 5 月 26 日，第 1 版。

④ 习近平：《决胜全面建成小康社会 夺取新时代中国特色社会主义伟大胜利——在中国共产党第十九次全国代表大会上的报告》，人民出版社，2017，第 46 页。

师德师风建设受到了前所未有的关注与重视，对于师德师风建设的内涵认知愈发深刻，师德师风建设的整体部署愈发纯熟。

2018 年 1 月，国务院出台了《关于全面深化新时代教师队伍建设改革的意见》，从加强教师队伍建设的意义和要求、师德师风建设、教师教育、教师管理、教师待遇、党的领导等六个方面，就促进新时代教师队伍建设提出了相应意见。同年 2 月，教育部印发《教师教育振兴行动计划（2018—2022 年）》，以 "落实师德教育新要求，增强师德教育实效性" 为主要目标，将 "师德养成教育" 置于行动计划首位，具体措施包括：将师德师风作为教师的必修课，以社会主义核心价值观引领教师教育实践、制定法治培训提纲，以中华优秀传统文化涵养师德，开展 "师德第一课" "师德活动周" 等活动，表彰师德先进典型等。[①] 2018 年 5 月 2 日，习近平总书记在与北京大学师生座谈时指出，为创建 "中国特色世界一流" 大学，需做好高素质教师队伍的建设工作。"评价教师队伍素质的第一标准应该是师德师风"；需从 "严格制度规定" 与 "日常教育督导" 两方面来紧抓师德师风建设；教师应 "以德立身、以德立学、以德施教"。[②] 同年 8 月下旬，习近平总书记在 2018 年全国宣传思想工作会议上强调，要 "努力打造一支政治过硬、本领高强、求实创新、能打胜仗的宣传思想工作队伍"，[③] 教师作为学校领域内开展宣传思想工作的重要主体，更需主动自觉、积极踊跃地增强自身思想素质与专业本领，为更好地培养担当大任的时代新人做好人力保障。是年 9 月，习近平总书记在全国教育大会上对师德师风建设提出了更新、更高、更全的要求。他从教师的职业荣光、教师的应有定力、对师德师风失范问题的严惩方式以及提高教师地位和待遇等几方面，着力强调了

---

① 《教育部等五部门关于印发〈教师教育振兴行动计划（2018—2022 年）〉的通知》，中华人民共和国教育部，http://www.moe.gov.cn/srcsite/A10/s7034/201803/t20180323_331063.html。

② 习近平：《在北京大学师生座谈会上的讲话》，《人民日报》2018 年 5 月 3 日，第 2 版。

③ 《习近平出席全国宣传思想工作会议并发表重要讲话》，中国政府网，https://www.gov.cn/xinwen/2018-08/22/content_5315723.htm。

加强新时代师资队伍建设的基础性地位。① 2018 年 11 月，教育部相继印发了《新时代高校教师职业行为十项准则》《新时代中小学教师职业行为十项准则》《新时代幼儿园教师职业行为十项准则》，对各级各类教师做出了警示与提醒。其分别针对大中小学师资队伍建设的主要症结与突出问题划定了基本底线，从思想素养、专业能力到职业行为等维度提出了具体要求。② 12 月 14 日，全国师德师风建设工作视频会议召开，会议全面落实、精准部署了新时代师德师风建设的各项工作。会议强调，师德师风建设是教师队伍建设的第一要务，需加大时间、精力与资源投入力度，全面完善师德师风工作体系。③

2019 年 3 月，在学校思想政治理论课教师座谈会上，习近平总书记指出，"第一，政治要强，让有信仰的人讲信仰，善于从政治上看问题，在大是大非面前保持政治清醒。第二，情怀要深，保持家国情怀，心里装着国家和民族，在党和人民的伟大实践中关注时代、关注社会，汲取养分、丰富思想。第三，思维要新，学会辩证唯物主义和历史唯物主义，创新课堂教学，给学生深刻的学习体验，引导学生树立正确的理想信念、学会正确的思维方法。第四，视野要广，有知识视野、国际视野、历史视野，通过生动、深入、具体的纵横比较，把一些道理讲明白、讲清楚。第五，自律要严，做到课上课下一致、网上网下一致，自觉弘扬主旋律，积极传递正能量。第六，人格要正，有人格，才有吸引力"④。4 月 17 日，教育部发布《普通高等学校思想政治理论课教

---

① 《坚持中国特色社会主义教育发展道路 培养德智体美劳全面发展的社会主义建设者和接班人》，《人民日报》2018 年 9 月 11 日。

② 《教育部关于印发〈新时代高校教师职业行为十项准则〉〈新时代中小学教师职业行为十项准则〉〈新时代幼儿园教师职业行为十项准则〉的通知》，中华人民共和国教育部，ht-tp://www. moe. gov. cn/srcsite/A10/s7002/201811/t20181115_354921. html。

③ 《努力造就党和人民满意的高素质专业化教师队伍 全国师德师风建设工作视频会议召开》，中华人民共和国教育部，http://www. moe. gov. cn/jyb_xwfb/gzdt_gzdt/moe_1485/201812/t20181214_363634. html。

④ 《用新时代中国特色社会主义思想铸魂育人 贯彻党的教育方针落实立德树人根本任务》，《人民日报》2019 年 3 月 19 日，第 1 版。

师队伍培养规划（2019—2023 年）》，强调需通过专题理论轮训、示范培训、项目资助、宣传推广等方式全面提升思政课教师队伍的师德师风建设水平，切实办好高校思想政治课。① 6 月，《幼儿园责任督学挂牌督导办法》颁布，明确了对幼儿园教师师德师风建设情况的督促指导。②

2021 年 1 月，国家六部门联合印发了有关"加强新时代高校教师队伍建设改革"的指导意见，文件指出要"以强化高校教师思想政治素质和师德师风建设为首要任务"，"培育弘扬高尚师德……强化师德考评落实"。③ 同年 3 月 6 日，习近平总书记在看望教育界委员时指出，"要把师德师风建设摆在首要位置"，引导各级各类教师传承教育工作者前辈们"捧着一颗心来，不带半根草去"的伟大精神，以赤诚、奉献、仁爱之心投身于中国教育事业。④ 4 月，习近平总书记在清华大学考察时再次重申"教师是教育工作的中坚力量"，"教师要成为大先生，做学生为学、为事、为人的示范，促进学生成长为全面发展的人"。⑤是年教师节前夕，习近平总书记在给全国高校黄大年式教师团队代表的回信中指出，好老师须"立德修身，潜心治学，开拓创新，真正把为学、为事、为人统一起来"⑥。

2022 年 1 月，全国教育工作会议在北京召开。会议指出，须以师德师风为第一标准，夯实教师发展根基，保障教师多方面权益，助力新时代教师队伍建设。同年 2 月，北京大学东方语言文化教师团队等

---

① 《教育部关于印发〈普通高等学校思想政治理论课教师队伍培养规划（2019—2023年）〉的通知》，中华人民共和国教育部，http://www.moe.gov.cn/srcsite/A13/moe_772/201904/t20190428_379873.html。

② 《教育部关于印发〈幼儿园责任督学挂牌督导办法〉的通知》，中华人民共和国教育部，http://www.moe.gov.cn/srcsite/A11/s6500/201906/t20190618_386311.html。

③ 《教育部等六部门印发指导意见加强新时代高校教师队伍建设改革》，中华人民共和国教育部，http://www.moe.gov.cn/jyb_xwfb/gzdt_gzdt/s5987/202101/t20210127_511229.html。

④ 《习近平在看望参加政协会议的医药卫生界教育界委员时强调 把保障人民健康放在优先发展的战略位置 着力构建优质均衡的基本公共教育服务体系》，《人民日报》2021 年 3 月 7 日，第 1 版。

⑤ 《习近平在清华大学考察时强调 坚持中国特色世界一流大学建设目标方向 为服务国家富强民族复兴人民幸福贡献力量》，《思想政治工作研究》2021 年第 5 期。

⑥ 《习近平回信勉励全国高校黄大年式教师团队代表》，《中国人才》2021 年第 10 期。

两百个团队被教育部认定为第二批全国高校黄大年式教师团队，引导广大教师深入学习弘扬黄大年同志精神，做大先生、造大学问、育大英才。① 与之同时，开展贯穿全年的师德专题教育活动，深入学习习近平总书记关于师德师风的重要论述，针对"四史"教育、先进事迹、师德规范、师德警示教育等多个重点开展专题教育活动。② 同年4月5日，习近平总书记在中国人民大学考察时对新时代教师提出了更高要求，他强调，"培养社会主义建设者和接班人，迫切需要我们的教师既精通专业知识、做好'经师'，又涵养德行、成为'人师'，努力做精于'传道授业解惑'的'经师'和'人师'的统一者"。③ 10月，党的二十大胜利召开，习近平总书记在党的二十大报告中指出，"加强师德师风建设，培养高素质教师队伍，弘扬尊师重教社会风尚"④。进一步从全局设计、政治引领角度重申了新时代加强师德师风建设的重要意义与时代要求。在以习近平同志为核心的党中央的高度重视和正确领导下，各级各类教育部门制定了一系列师德师风建设的政策规范和指导意见，⑤ 深化了对教师队伍师德师风建设的科学系统理解，推动新时代加强师德师风建设工作迈向制度化、体系化。

二　建立健全长期有效的师德师风建设机制

通过构建引领、激励、协同、监督、惩戒与责任机制，建立健全长效师德师风建设机制，用制度的力量确保师德师风建设常态化、机制化，提升师德师风建设工作的实际效能，成为这一时期促进各级各类学

---

① 《教育部认定第二批全国高校黄大年式教师团队》，中华人民共和国教育部，http://www.moe.gov.cn/jyb_xwfb/gzdt_gzdt/s5987/202202/t20220209_598261.html。
② 陈志伟、周飞、余慧娟等：《2021 中国基础教育政策分析》，《人民教育》2022 第 Z1 期。
③ 《习近平在中国人民大学考察时强调：坚持党的领导传承红色基因扎根中国大地 走出一条建设中国特色世界一流大学新路》，中国政府网，https://www.gov.cn/xinwen/2022-04/25/content_5687105.htm。
④ 《习近平著作选读》（第 1 卷），人民出版社，2023，第 28 页。
⑤ 朱炎军：《中国共产党领导高校教师队伍建设的发展历程与逻辑理路》，《教师教育学报》2022 年第 2 期。

校教师队伍发展的又一重要内容。

自 2012 年 8 月起，党和国家相继发布了多项加强教师队伍师德师风建设的相关意见。譬如，《教育部关于建立健全高校师德建设长效机制的意见》指出，在 8 年内（2020 年之前）形成一支"师德高尚、业务精湛、结构合理、充满活力"的水平高超、专业性强的教师队伍。同时，从教师思政教育、师德建设、专业化水平、教师管理制度等方面着手，全面推进教师队伍建设。《国务院关于加强教师队伍建设的意见》强调：其一，须全面提高教师思政素养，通过理论学习、社会实践、定期调查等方式，增强教师思政工作的针对性和有效性；其二，须构建师德建设长效机制，建立健全"教育+宣传+监督+奖惩"四结合的建设机制，开展以"专业知识+个人理想+职业道德+学术规范+心理健康教育"为主要内容的师德师风建设工作，同时制定科学考核方式，完善考评制度，将"师德建设"作为教师工作考核、聘用、评定、升迁、奖惩等的首要衡量标准，实行师德表现"一票否定制"。① 除此之外，同年 10 月，国家启动了"国家级教师教学发展示范中心"的建设项目，批准建立包括北京大学、厦门大学、重庆大学、中南民族大学等 30 个教师教学发展中心，旨在提高各类高校中青年教师的思想政治水平、教育教学能力。② 2013 年 9 月，教育部对"中小学师德建设长效机制"的建立健全提出了具体意见。主要从师德教育、宣传、考核、激励、监督、惩处与保障七个方面，对建立健全"教育+宣传+考核+监督+奖惩"五结合的中小学师德建设机制进行论述，这也是第一次从顶层设计层面较为具体全面地论述如何创建学校师德建设的长效机制。③ 2014 年，教育部制定提出了高校层

① 《国务院关于加强教师队伍建设的意见》，中国政府网，http://www.gov.cn/gongbao/content/2012/content_2226134.htm。
② 《关于批准厦门大学教师发展中心等 30 个"十二五"国家级教师教学发展示范中心的通知》，中华人民共和国教育部，http://www.moe.gov.cn/s78/A08/tongzhi/201211/t20121116_144591.html。
③ 石载：《教育部出台〈关于建立健全中小学师德建设长效机制的意见〉》，《现代特殊教育》2013 年第 10 期。

面的建立健全"师德建设长效机制"的具体意见，指出要从师德"教育+宣传+考核+监督+激励+惩处"几个方面健全师德建设的六大机制。尤为值得一提的是，该文件还明确指出了诸如损害国家利益、科研弄虚作假、骚扰侵犯学生等高校教师师德禁行行为，以严苛的惩治措施，严格约束高校教师师德建设。①

2018 年出台的《中共中央 国务院关于全面深化新时代教师队伍建设改革的意见》，从党支部和党员队伍建设、思想政治素质、高尚师德三方面，对如何全面加强师德师风建设提出具体意见，要求建立健全师德师风建设的长效机制，施行师德师风建设工程，② 以解决师德失范、师风不正的问题。2019 年 2 月，《中国教育现代化 2035》提出："大力加强师德师风建设，将师德师风作为评价教师素质的第一标准，推动师德建设长效化、制度化。"③ 把师德师风建设纳入新时代教育现代化规划，并将其置于高水平教师队伍建设首位，充分彰显了党和国家对教师队伍职业道德与职业风尚的高度关注。2019 年 11 月，教育部、中央组织部、中央宣传部、国家发展改革委、财政部、人力资源社会保障部、文化和旅游部联合出台的《关于加强和改进新时代师德师风建设的意见》，从指导思想、基本原则与总体目标 3 方面对加强师德师风建设提出了总体要求；另外，从加强教师队伍思政工作、提升教师职业道德素养、将师德师风建设融入教师管理全过程、倡导全社会尊师重教、落实推进责任等 5 方面，对新时代师德师风建设做出科学规划与指导，力争在五年内"基本建立起完备的师德师风建设制度体系和有效的师德师风建设长效机制"。④ 2021 年底，"完善高校教师思想政治和师德师风建

---

① 《教育部制定出台〈关于建立健全高校师德建设长效机制的意见〉》，中华人民共和国教育部，http://www.moe.gov.cn/jyb_xwfb/gzdt_gzdt/s5987/201410/t20141009_175745.html。

② 《中共中央 国务院关于全面深化新时代教师队伍建设改革的意见》，《人民日报》2018 年 2 月 1 日，第 1 版。

③ 《中共中央 国务院印发〈中国教育现代化 2035〉》，《人民日报》2019 年 2 月 24 日，第 1 版。

④ 《教育部等七部门印发〈关于加强和改进新时代师德师风建设的意见〉的通知》，中国政府网，http://www.gov.cn/xinwen/2019-12/16/content_5461529.htm。

设工作体制机制"的相关文件印发,提出要增强基层党组织在教师师德师风建设中的作用,在教师培养、管理等环节发挥师德的把关作用,为师德师风工作做好经费、场地等后勤保障。①

三 严格执行师德师风"一票否决"考核制度

这一时期,"零容忍""绝不姑息""一票否决"成为解决师德师风问题的关键词。②以"严"字为核心,将"师德师风"置于教师考核首要位置,加强对教师队伍师德师风建设的监督,坚决执行"一票否决"考核方式,建设业务能力精湛、育人水平高超的高素质教师队伍是这一时期加强教师队伍建设的基础性工作。

2013年5月,中共中央组织部、中共中央宣传部、中共教育部党组联合就加强、改进青年教师思想工作提出建议,要求从思想上重视青年教师的思政工作,切实加强对青年教师的思想政治教育引导。《中共中央组织部 中共中央宣传部 中共教育部党组关于加强和改进高校青年教师思想政治工作的若干意见》提到,需通过强化职业教育(职业理想与职业道德)、完善考核机制两种方式"推进青年教师的师德师风建设"。③2014年1月,《中小学教师违反职业道德行为处理办法》发布,规定了中小学教师若存在诸如违背国家方针政策、营私舞弊、伤害学生、谋取不正当利益等十类师德师风失范行为,将依照情节严重程度给予警告、记过等相应处分。④7月,《教育部关于印发〈严禁教师违规收受学生及家长礼品礼金等行为的规定〉的通知》颁布,聚焦教师收受礼品礼金、接受吃请等现存问题,明确提出包括参与家长付费娱乐活

---

① 《教育部党组印发指导意见完善高校教师思想政治和师德师风建设工作体制机制》,中华人民共和国教育部,http://www.moe.gov.cn/jyb_xwfb/gzdt_gzdt/s5987/202112/t20211231_591670.html。
② 《零容忍筑牢师德师风防线》,中华人民共和国教育部,http://www.moe.gov.cn/jyb_xwfb/s5148/201912/t20191209_411326.html。
③ 《三部门要求各高校加强高校青年教师思想政治工作》,《中国地质教育》2013年第2期。
④ 《教育部关于印发〈中小学教师违反职业道德行为处理办法〉的通知》,中华人民共和国教育部,http://www.moe.gov.cn/s78/A08/tongzhi/201211/t20121116_144591.html。

动、获取回扣等六项严禁行为，以期进一步改进教师队伍的工作作风，加强教师队伍廉洁整顿与师德师风建设。① 2016 年 8 月下旬，国家对深化高校教师考核评价制度改革提出指导意见，把"加强师德考核力度"置之高位，强调"师德考核"应处于"教师考核"之首，要逐步完善师德考核条例，开展全过程师德考核，建立个人化师德考核档案，实行"一票否决"制。与之同时，在选聘环节中开展双重考察，把思想政治素质作为教师准入的基本要求，贯穿教师专业发展始终。② 9 月 1 日，《高等学校预防与处理学术不端行为办法》正式施行，分别从教育、预防、受理、调查、认定、处理、复核、监督等维度要求高校教师在学术活动中应秉持实事求是与严谨认真的精神与态度，加强了高校教师队伍的学术规范与师德师风建设工作。③ 2018 年 11 月，基于教师职业行为准则，为矫正教师职业行为，教育部出台了《中小学教师违反职业道德行为处理办法（2018 年修订）》，该文件指出，如若存在诸如师德师风长效机制建设与教育督导不到位、失范问题排查不及时、失范问题处置不合理等情况，视情节轻重给予学校及教育机构通报批评、组织处理等不同程度的处罚。④ 此外，亦发布了处理高校教师师德师风失范行为的指导意见，以严苛的态度、严格的手段，通过落实师德建设主体责任、教师自觉遵守师德规范、对师德失范行为实行"一票否决"、建立健全师德师风失范行为受理调查机制等方式，严肃规范高校教师队伍的师德师风建设。⑤

2020 年初，教育部决定与北京师范大学、华南师范大学、武汉大学、浙江大学、复旦大学等 10 家单位合作创设教育部师德师风建设基

---

① 焦新：《严禁收受礼品礼金 确保教师廉洁从教》，《中国教育报》2014 年 7 月 15 日，第 1 版。

② 《教育部关于深化高校教师考核评价制度改革的指导意见》，中华人民共和国教育部，http://www.moe.gov.cn/s78/A08/tongzhi/201211/t20121116_144591.html。

③ 周湘林：《建立问责制度体系 促进科研诚信建设——以〈高等学校预防与处理学术不端行为办法〉为例》，《中国高校科技》2019 年第 Z1 期。

④ 《教育部关于印发〈中小学教师违反职业道德行为处理办法（2018 年修订）〉的通知》，中国政府网，http://www.gov.cn/zhengce/zhengceku/2018-12/31/content_5443903.htm。

⑤ 《教育部关于高校教师师德失范行为处理的指导意见》，中国政府网，http://www.gov.cn/zhengce/zhen-gceku/2018-12/31/content_5443905.htm。

地，要求各单位建设师德师风研究人才队伍、形成相应的研究成果、探索有效的经验模式、开发教育资源并加强师德师风的监测评估。① 是年10月，《深化新时代教育评价改革总体方案》在"改革教师评价"部分提到，须"坚持把师德师风作为第一标准"，把师德表现作为教师职业认定、考核、评优等的首要要求，在表彰先进教师、发挥先进教师示范作用的同时，对在师德师风上有问题的教师施行禁入制度。② 2021年7月，国家开展了治理中小学教师有偿补课与违规收受礼品礼金问题的自查工作，主要以对照自查、抽查检查、师德专题教育三项措施来锻造一支高素质、高水平、高道德的教师队伍，营造风清气正的教育氛围。11月29日，《中华人民共和国教师法（修订草案）（征求意见稿）》线上发布，提出教师应为人师表，应努力成为"四有"好老师，忠诚于党和人民的教育事业。③ 还专门提及了教师师德失范的相关内容，一旦教师出现违反职业道德、行为准则等的行为时，应立即整改，按照相关规定给予相应处分，在对教师进行相应保护的同时，亦重申了"零容忍"之态。

如前所述，从党的十八大召开至今，我国师德师风建设一直处于立体化加强师德师风建设的高速稳步发展改革期，党和国家密集出台了一系列指导性的政策文件，确立了"师德师风建设"的首要地位，将师德师风建设提到新时代新高度，诠释与彰显了国家推进新时代师德师风建设的战略定力④。在建设内容上，逐渐明确了师德师风建设的目标任务、责任主体、对象客体、丰富意涵、具体措施等细节，涵括从教师培养、教师管理、教师考核、教师待遇等诸多范畴可施行的多样化措施；

---

① 《教育部办公厅关于公布教育部师德师风建设基地名单的通知》，中华人民共和国教育部，http://www.moe.gov.cn/srcsite/A10/s7002/202001/t20200119_416036.html。

② 《中共中央 国务院印发深化新时代教育评价改革总体方案》，《人民日报》2020年10月14日，第1版。

③ 《教师法（修订草案）公开征求意见》，中华人民共和国教育部，http://www.moe.gov.cn/jyb_xwfb/s5147/202111/t20211130_583360.html。

④ 徐世亮：《习近平关于师德师风建设重要论述研究》，硕士学位论文，东北师范大学，2022。

在建设目标上，凝练提出"培养党和人民满意的好老师"为师德师风建设的主要目标；在建设的政策话语表达上，语言范式由"规定"代替"倡导"，将"规则立德"精神贯穿其中；在建设的具体形式上，包括指导意见、规定、条例、细则、通知等多种样式。

第二章　新时代加强师德师风建设的理论基础

没有理论基础的研究宛若无源之水。通过厘清包括师德、师风、建设、师德建设、师风建设、师德师风建设等在内的师德师风的相关概念，梳理古今中外诸如孔子、孟子、荀子以及近现代著名教育家关于师德师风的理论，不仅能够为后续加强师德师风建设的理论模型构建提供创新角度、思索方法与阐释依据，更能够极大助益新时代加强师德师风建设的实践方略的顺畅提出。

第一节　师德师风建设的基本内涵

在新时代，探讨师德师风建设的理论模型及实践方略，首先面对且需优先解决的问题是何谓师德师风建设。如何理解此问题实际上涉及的是师德师风建设理论模型的本体论的问题。经此问题的指引，又需进一步探讨什么是师德、什么是师风、什么是师德建设、什么是师风建设等。对于此处种种概念的理解和回答是师德师风理论模型本体论建设的基础，它们作为整个师德师风模型的核心范畴串联起整个师德师风建设机制。因而，从对师德、师风的概念演化的分析中，亦可以大致洞察师德师风建设模型的基本走向。

当然，对于这些问题，已有研究都有所涉及。例如，有学者指出，师德师风建设是一个复杂的概念，只有从广义与狭义、个体与群体、主体与客体、内因与外因等多个维度进行概念辨识，才能明确其固有的特性与本质。① 与此同时，教师在当今中国语境中是一个社会角色概念，他们承担着一个国家或社会的教育教学工作，而这种工作是一项专门化的工作。因此，师德师风建设也必然应有其专业化的属性，是教师伦理范畴中的概念。只有将师德师风建设中教师的"德"与"风"界定清楚，才能实现新时代师德师风理论的发展。由此看来，师德师风建设不能概而论之，师德师风的概念自然也不是师德概念与师风概念的简单叠加，而是有其内在的逻辑性，需要在较为清晰地认识师德、师风等有关概念的基础上才能逐步厘清师德师风建设的本质内涵。

一　师德的内涵

事实上，当下师德师风建设中最为核心也最为重要的概念当属师德。但对于有关师德概念的理解历来众说纷纭，见仁见智。具体来说，对于师德含义的理解，目前学界主要有三种观点。第一种观点认为，师德不仅包括教师职业道德与一般的道德，还包括世界观、人生观、政治立场和法纪行为等。② 第二种观点则认为，师德是教师在工作过程中应该遵循的道德原则和规范的总和，其中包括教师的道德品质、思想信念、对事业的态度和情感以及有关行为的规范等。③ 第三种观点是师德既是教学工作基本的准则和规范，又是教师必备的情操和品质。④ 由此可见，对师德内涵的界定既指向教师个体内在的道德品质要求，又指向教师群体的外显性行为规范，既包括一般性的道德又涵括教师的专业属性，隶属于教师本身的道德特质。

此外，在师德概念界定的划分上存在较大分歧，而尚未统一，需从广义和狭义两个层面界定师德的基本内涵。广义的师德是指教师的道

① 王颖、王毓珣：《师德师风建设：概念辨识及行动要义》，《教师发展研究》2021 年第 2 期。

② 林崇德：《师德通览》，山东教育出版社，2000，第 900 页。

③ 教育大辞典编纂委员会编《教育大辞典》（第 11 卷），上海教育出版社，1990，第 35 页。

④ 朱小蔓：《教育职场：教师的道德成长》，教育科学出版社，2004，第 14 页。

德,具有教书和育人两个方面的内涵:教书,对学生,因材施教,对己,进行科研创新;育人,身体力行培养学生,培育公民的基本道德。① 而狭义的师德主要是指教师的职业道德,即从劳动性质出发,理解为教师传授知识劳动时的职业道德。②

诚然,随着教师专业化进程的发展与推进,教师教育研究从经验型向专业型转变,而教师的职业道德向着教师的专业道德转变也是其中的一个重要方向。因此,从研究教师的经验型的职业道德转向认可与研究教师的专业道德已成时代必然趋势。跟随以上潮流,研究者日渐从专业化的角度来看待教师的道德,推进教师的专业道德建设。于是,在教师和道德之外,专业和伦理两个术语开始出现,进而"教师专业道德"、"教师专业伦理"和"教学伦理"等术语组合也进入了学者们的理论视野。③

从教师走向专业化的发展历程来看,"教师专业从其本质的内容结构上看,应当包含专业知能、专业道德(伦理)和专业精神三个方面"④,而师德则属于教师专业化中的专业道德(伦理)的范畴。教师的专业道德意味着教师要在教学工作中担负着更多的专业责任。在当代社会,"他们要为培养一代新人的性格和精神做出贡献"。⑤ 在此基础上,有学者建构了教师专业道德的基本内涵,主张教师专业道德是教师独特的道德品质,主要包括教师的专业责任、道德品行和专业精神三个方面。展开而言,教师的"专业责任"是一种规约下的承诺,教师以承诺规范自己并逐渐形成专业责任感;教师的"道德品性"是教师个体对道德的理解与诠释,通过实践活动中的道德行为体

---

① 王露璐:《高校教师师德问题研究综述》,《道德与文明》2006年第1期。
② 李清雁:《师德建设研究的现状、问题与展望》,《河北师范大学学报》(教育科学版)2009年第8期。
③ 王晓莉、卢乃桂:《当代师德研究的省思:与国外教学道德维度研究的比较》,《外国教育研究》2011年第6期。
④ 李瑾瑜、柳德玉、牛震乾编《课程改革与教师角色转换》,中国人事出版社,2002,第67页。
⑤ 联合国教科文组织:《教育——财富蕴藏其中》,教育科学出版社,1996,第134页。

现出来；教师的"专业精神"则以自律为核心，推动着教师的专业发展与教师成长。① 从国内外有关教师专业道德的概念界定来看，教师专业道德的概念与以往对于教师的一般性的道德要求相比较，有其自身的特点。其中最主要的特点在于，教师专业道德从"专业特点出发讨论伦理规范的建立，而不再是一般道德在教育行业里的简单演绎与应用。所建立的伦理标准都有较为充足的专业和理论的依据，充分考虑了教师专业工作和专业发展的特点与实际，全面、具体、规范，要求适中"②。

综上所述，通过对既有文献的梳理，目前国内关于师德的全称至少有三种，即教师道德、教师职业道德、教师专业道德，在每一种全称下，关于师德的具体内涵又有多重理解。③ 其一，在教师道德的概念下，教师具有社会属性，作为一位具有社会属性的人，就要遵从社会规范，师德意涵就要囊括最起码的、最基本的遵守国家法律法规和公民道德规范的内容；其二，从教师职业道德的含义角度而言，则要求教师遵守本行业的从业规范，如爱岗敬业、爱生乐教等；其三，从专业道德的内涵角度看，则要求教师具有专业意识和专业能力，以达成立德树人与自身专业发展的统一。④

毋庸置疑，将师德的概念简单归结为个人道德或者专业道德，抑或某种职业道德都无法涵括师德的本意，也无法体现新时代对培养"四有"好老师的时代诉求，并且会引发理解上的偏差、概念上的混淆。在此意义上，我们认为，师德是教师个人道德与专业道德的统一。从个体角度看，师德是教师在长期的教育实践活动中形成的较稳定的道德品质，是教师道德认知、道德情感、道德意志、道德行为的总和，从职业

---

① 黎琼锋：《从规约到自律：教师专业道德的建构》，《教育发展研究》2007 年第 1 期。
② 檀传宝：《论教师"职业道德"向"专业道德"的观念转移》，《教育研究》2005 年第 1 期。
③ 辛未、姬冰澌：《师德概念研究述评》，《上海教育科研》2018 年第 9 期。
④ 王素月、罗生全、赵正：《教师道德的多层次发展逻辑及其结构模型》，《教育研究》2019 年第 10 期。

和专业的角度看，师德是教师从事教育活动时所必须遵守的行为准则和职业规范。

二 师风的内涵

研究发现，师风一词较少单独出现，多作为师德的从属性概念。相较于对师德概念的研究，虽然关于师风概念的专门化研究较少，但不能否认"师风"建设自古有之的事实。

《元文遥传》："小儿比日微有所知，是大弟之力，然白掷剧饮，甚得师风。"① 此处"师风"意为教师风度、气度。而在《现代汉语词典》中，"风"表示的是一种流动的迹象，引申为一种外在的景象、态度、举止等。类比校风、学风、教风，师风主要是指教师的外在的态度、举止、风格等。此外，按照类型化的概念定义方式，有研究者认为，在我国古代社会，师风是一种教师自身所独有的精气神状态，主要表现在"自存本心，自立自得；志存高远，知行合一；术德兼修，知体达用；长善救失，诲人不倦"② 等四个方面。而在社会主义建设的新时代，有学者指出，师风就是教师的道德修养在职业活动中逐渐形成的职业作风与行业风气，③ 指向的是教师的外在行为风气，一同反映了教师群体的行为习惯。④ 所以，师风即风貌、风气与风尚，是教师职业道德行为所表现出的特有的精神状态，不仅是教师个人整体素质的自然流露，也是其各方面态度作风的综合展现。⑤ 当然，个体所展现的单一精神面貌还不能称作师风，师风主要指教师群体所展现出来的行业风气。

---

① （唐）李百药：《北齐书》，大众文艺出版社，1999，第305页。
② 毕诚：《中国古代师道、师德和师风》，《中国德育》2010年第4期。
③ 韩泽春、王秋生：《社会主义核心价值体系视域下的高校师德师风建设》，《新疆师范大学学报》（哲学社会科学版）2013年第3期。
④ 史晓东：《以师德师风建设提升大学生思想政治教育质量》，《教育理论与实践》2015年第36期。
⑤ 王毅磊、王鹏、丁志强、郑秀明、李莹：《高校师风评价体系的构建与应用》，《教育探索》2016年第3期。

综合而言，师风是教师群体所表现出的精神面貌和道德风尚，是一种思想作风和工作氛围，是教师文化的重要组成部分。

三　师德与师风的关系辨析

如前所述，师德指向的是教师内在的精神品质，侧重于反映教师个体的品德修养；师风指向的是教师外在的行为风尚，侧重于反映教师群体的行为习惯。综合来讲，师德师风是教师从事教育工作时必须呈现的品质、遵从的规范以及稳定的做事风格。[①] 可以说，师德师风从教师个体和群体两个层面、内在和外在两个角度，辩证而全面地反映教师的职业道德和行为风尚。[②]

然而，师德与师风两个概念实际上是一个统一体，二者意义相近，相辅相成、不可分割。而将其分解以说明其基本内涵，是研究的需要。学者们指出，首先，"师风源于师德，又不同于师德。前者强调外在表现，后者侧重内在精神"。[③] 其次，"师风是师德的延伸和补充，是师德的表现形式和载体"。[④] 最后，良好的师风也同时是个体师德养成的条件，在教师群体行为风尚和行业风气的影响下，个体教师得到塑造，从而融入群体行为模式当中，自觉遵循群体师德规范。[⑤]

简单来说，师德与师风二者是基础与外显、作用与反作用的关系，"师德是师风的基础，师风是师德的外化；没有师德就没有师风，师风可以反作用于师德"。[⑥] 从师德的视角来看，师德是师风的基底，

---

① 黎平辉、郭文：《社会转型期我国师德师风内涵的再界定》，《现代教育科学》2011 年第 3 期。

② 周杰：《从文化视角谈高校师德师风建设》，《高等农业教育》2012 年第 8 期。

③ 王毅磊、王鹏、丁志强、郑秀明、李莹：《高校师风评价体系的构建与应用》，《教育探索》2016 年第 3 期。

④ 袁进霞：《高校师德师风存在的问题及对策》，《学校党建与思想教育》2017 年第 4 期。

⑤ 郑魏静：《当前我国高校师德师风建设研究》，硕士学位论文，西南财经大学，2012。

⑥ 王颖、王毓珣：《师德师风建设：概念辨识及行动要义》，《教师发展研究》2021 年第 2 期。

师风的形成与展现以师德为基准，良好师风的根源在于优良师德，没有高尚的师德就不可能形成良好的师风。[①] 而从师风的视角来看，师风是师德的外显，高尚师德的彰显必须以师风为载体，良好师风是展现优良师德的条件。师风也会反作用于师德，正如集体会影响集体中的个体一样。

四　建设的基本内涵与新时代师德师风建设

"建设"是一个发展的、动态的变化过程，其基本含义是创立新事业、增加新设施、振奋新精神等。"建设"一词较早见于《墨子·尚同》，"古者上帝鬼神之建设国都立正长也，非高其爵、厚其禄、富贵佚而错之也"，[②] 意为"创立、设置"。然而，建设本身是一个动词，虽有着较为抽象的内涵，但也有着十分丰富的外延。因此，建设是一个需要基于具体对象或社会活动方能界定和理解的概念，[③] 恰如经济建设、文化建设、政治建设、生态建设，等等。从过程的视角来看，建设工作主要包括建设的目标、建设的基础、建设的内容、建设的条件、建设的机制等。当然，在此意义上理解"建设"，其仍是一个空洞的概念，必须借助具体的对象所指才能真正揭示其本真内涵。例如，与师德师风相结合，建设便主要包括师德师风建设的目标、师德师风建设的基础、师德师风建设的内容和机制等。与此同时，师德师风的内涵为理解师德师风建设这一发展的内涵奠定了本体论意义上的实践基础，相当于只有明确了师德师风的基本内涵才能继续讨论师德师风建设的内涵。这表明，师德需要建设，师风需要建设。而依据师德师风建设内容的主体职责，可以初步构建师德师风建设的层次，主要包括师德师风的培育、师德师风建设的管理、师德师风建设的评价三个层

[①]　史晓东：《以师德师风建设提升大学生思想政治教育质量》，《教育理论与实践》2015 年第 36 期。

[②]　（清）孙诒让撰《墨子间诂》，中华书局，2001，第 84 页。

[③]　眭依凡：《大学内涵式发展：关于高质量高等教育体系建设路径选择的思考》，《江苏高教》2021 年第 10 期。

次模块。在师德师风培育层次，教师要主动进行道德学习，从理论与实践层面不断提升个人道德素质、法治素质与心理素质等；在师德师风建设管理维度，教师要注重发挥治理性思维，充分调动教师自身进行道德学习与发展的积极性；在师德师风评价层面，要注重多主体的协调，充分发挥教育评价的协同、导向作用，提升师德师风建设水平。师风建设则主要是在师德建设的基础上形成的规模效应的总和，可以看成师德建设所产生的附属效应。理解师德师风建设基本内涵，无疑有助于建构师德师风建设的理论模型，助力加强新时代师德师风建设。

　　一言以蔽之，师德是社会道德原则和规范在教师职业中的具体体现，是教师在教育教学活动中表现出来的美好的、高尚的德行；师风则是教师群体所表现出的精神面貌和道德风尚，是一种思想作风和工作氛围，是教师文化的组成部分。进一步而言，师德强调个人修养、个人知识的积累和传道授业解惑的能力，师风则主要关注教师本职工作中的特有气质、工作态度和工作作风。[①] 新时代师德师风建设与以往的师德师风建设既有一脉相承的继承性特征，又体现出鲜明的时代特征。师德师风建设具有鲜明的时代性特征的原因在于，师德师风建设是"社会"对教师专业的总的概括，而在不同的社会、不同的发展阶段，对教师的专业发展的要求也不尽相同，伴随着社会的不断深入发展，对师德师风的要求也将不断拓展和深化。综合而言，新时代，师德师风建设的鲜明时代性特征主要体现在"适应全面建设小康社会和培养高素质人才的新要求，融入培养创造性、开拓性、实践性人才等更丰富的内涵"[②] 等方面。对于师德师风建设，需要进一步加以探究，不断丰富其基本意涵。

[①]　曹剑：《新时期师德师风建设研究》，《教育与职业》2013 年第 32 期。

[②]　秦小红：《当前高校师德师风建设刍议》，《西南农业大学学报》（社会科学版）2006 年第 1 期。

第二节　师德师风建设的理论渊源

一　中国教育家关于师德师风的重要论述

（一）中国古代教育家关于师德师风的重要论述

在中国古代传统社会中，师德师风建设早已有之，相关论述颇丰。各家各派都有自己的"宗师"，并在师的影响下，广招门徒。各家之师，无论所教科目类型为何，最初都以"传道、授业、解惑"为己任，而其中最为重要的任务即"交之以事而喻诸德者"（《礼记·文王世子》）。由此，无论什么类型的教师，最先要完成的教学任务都是"德教"。中国古代社会对教师提出的道德标准和行业标准是十分严格的，其中，最紧要的内容是确保教师对内"修身"与对外"施以仁"两个方面的道德水准。

第一是对内修身。《论语·子路》："其身正，不令而行。其身不正，虽令不从。"可见，修身为涵养品德的根基。在传统社会，教师常呈现为"道德圣徒"的形象，教师的内在修养就是"道"的内化。对于教师，我们总冠以"蜡烛""灵魂的工程师""春蚕"等"圣人"化的称呼，这些符号也是教师内心世界的载体。为师者如何达到这种境界？《大学》指出："自天子以至于庶人，壹是皆以修身为本，其本乱而末治者否矣。"[①]《中庸》指出："知所以修身，则知所以治人；知所以治人，则知所以治天下国家矣。"[②] 所以有了"吾日三省吾身"[③] 的修身箴言。中国传统的师德建设强调要想正别人必先正自己，要想正自己，必须经常反思自己的言谈举止是否符合师德规范，通过不断反思实现自我内在的超越，强化师德信念。对于教师个体的修身责任及修身的

---

① （宋）朱熹：《四书章句集注》，中华书局，1983，第4页。
② 王文锦译解《礼记译解》，中华书局，2016，第811页。
③ 陈成国点校《四书五经》，岳麓书社，1998，第7页。

作用问题，我国古代的教育思想家做过精辟的论述。孔子曰："不能正其身，如正人何？"①董仲舒也主张："说不急之言而以感后进者，君子之所甚恶也。……为人师表者可无慎邪！"②

第二是对外"爱仁"，即爱人。当然，教师"爱人"的对象首先指的便是自己的学生。此外，教师施以"仁爱"之心要讲究方式方法，不能空谈"爱仁"。古代圣贤先师做出了表率。孔子不仅主张仁者爱人，而且做到了知行合一。③例如，"仲弓问仁。子曰：'出门如见大宾，使民如承大祭。己所不欲，勿施于人。在邦无怨，在家无怨'"（《论语·颜渊》）。对于不同的弟子询问"仁"，孔子的回答和做法各不相同。可以看出，孔子强调，要做到"爱人"，一是要具体，不能抽象，二是要强调场合，在不同的情境中，"爱人"的具体方式不同。

中国古代教育家关于师德师风的重要论述源远流长，如若以春秋战国时期的诸子百家学说为起点，也可谓名师辈出，论著浩瀚。兹举孔子、孟子、荀子、董仲舒、扬雄、郑玄、韩愈、朱熹、王阳明、王夫之等人思想为证，主要涵括师德师风的理论（如道德观、学生观、教学观、地位观等）与实践（如立志、知行合一、心外无物等）两个部分。

春秋战国时期，伴随着私学的发展，教师从官吏中分离出来，职业化教师开始出现，教师职业道德要求也开始出现，④我国传统师德师风理论开始形成，"涵正德养，兹之不足"是对中国古代社会教师所提出的总体要求。儒家学派创始人孔子作为第一个较为全面地归纳与总结出中国教育史上首个教师师德师风理论体系的教育家，其关于师德师风的重要论述主要见于《论语》一书，可以简要概括为道德观、学生观、教学观三类。在道德观上，孔子强调"道之以德，齐之以礼，有耻且

---

① 陈戍国点校《四书五经》，岳麓书社，1998，第42页。
② （汉）董仲舒：《春秋繁露》，中华书局，1991，第82页。
③ 檀传宝：《爱的解释及其教育实现——孔子的"仁"与诺丁斯的"关怀"概念之比较》，《教育研究》2019年第2期。
④ 葛薇：《改革开放以来中国共产党中小学师德师风建设思想研究》，硕士学位论文，陕西师范大学，2021。

格"(《论语·为政》),教师的道德建设贵在自知、自觉与自动,强调从自己做起、立德修身,"躬自厚而薄责于人","己所不欲,勿施于人"(《论语·卫灵公》),设身处地地为他人着想。在学生观上,孔子主张"仁者爱人""智者知人"(《论语·颜渊》),教师需主动地、平等地关心学生的道德生活、学习生活以及日常生活,因材施教、有教无类,多多鼓励与关爱学生,对学生始终保持期待与信心。在教学观上,孔子主张教师,一要注重教学的方法,言传身教、以身示范,"其身正,不令而行;其身不正,虽令不从"(《论语·子路》);二要重视教学的前提,每位教师都应重视自身的品德修养与专业素养,"我非生而知之者,好古,敏以求之者也"(《论语·述而》),应以德、识服人。孟子继承并发展了孔子的教育思想,以"三乐"境界——"君子有三乐,而王天下不与存焉。父母俱存,兄弟无故,一乐也。仰不愧于天,俯不怍于人,二乐也。得天下英才而教育之,三乐也"[1] 高度彰显了教师职业的崇高性。而其关于教师师德师风的论述,多从政治操守与道德修养的培养入手。一是重视对教师的政治操守的塑造。他特别提出"天爵""人爵""良贵"三个议题,其中,"良贵"是指个人的道德和名誉,认为再高贵的职位也比不上个人道德和声誉,强调培育道德信念、加固政治操守的重要性。二是重视对教师道德修养的培育。主张以"集义所生者,非义袭而取之也"(《孟子·公孙丑上》)的"浩然之气"培养道德习惯、以"行有不得者,皆反求诸己"(《孟子·离娄上》)的自省方式自觉形成道德行为、以"富贵不能淫,贫贱不能移,威武不能屈"(《孟子·滕文公下》)坚定道德意志。而有别于孔、孟所提倡的较为平等的师生观,战国末期教育家荀子提出了较为严苛的"师道观":"礼者,所以正身也;师者,所以正礼也。无礼,何以正身?无师,吾安知礼之为是也?"[2] 将教师地位提到了与天地、宗亲同样的高度。并从有学识、有尊严、有信誉、有能力等方面提出四项

---

① (清)焦循:《孟子正义》,中华书局,1987,第905页。
② (清)王先谦:《荀子集解》,中华书局,1988,第33页。

"师术"，即"尊严而惮""耆艾而信""诵说而不陵不犯""知微而论"（《荀子·致仕》）。

秦汉时期，我国传统师德师风理论在前人的基础上得到深化，儒学气息更为浓厚，也是在这一阶段，对教师的道德素养与模范作用的重视程度显著提升。主要代表人物有董仲舒、杨雄、郑玄等人。西汉人物董仲舒，作为儒家思想的集大成者，较为完整地继承了孔孟之学，并吸收了阴阳家、法家、道家等思想，通过拓展、创新建成了一个新的思想体系。其提出了"天人感应""大一统""罢黜百家，独尊儒术"等系统化思想，在教师师德师风建设领域，他重视"教化"，重视仁德，将"仁、义、礼、智、信"等划为教师职业道德的基本要求，并指出，擅长做老师的人，"既美其道，有慎其行"（《春秋繁露·玉杯》）。西汉扬雄，作为汉代道家思想的继承与传扬者，在辞赋、散文、儒学方面有较大成就。其在《法言·学行》中提及："师哉！师哉！桐子之命也。务学不如务求师。师者，人之模范也。模不模，范不范，为不少矣。"① 强调了教师对于学生的模范与教化作用，同时亦侧面要求了教师教书育人首先必须规范自身、严于律己。此外，东汉末年儒学家郑玄也极为重视尊师、敬道与师德师风的塑造。一方面，其力主尊师。倡导"尊师以教民，而以治政，则无过差矣"（《礼记正义》卷二十二），并将尊师与重道相联系。另一方面，其力推师德。这点可以从他所做过的注解中得见。例如，他在注解"三曰师，以贤得民"（《周礼注疏·大宰》）时写道："师，诸侯师氏，有德行以教民者。"② 在注解"幼子常视毋诳"（《礼记·曲礼上》）时，他解释道："小未有所知，常示以正物，以正教之，无诳欺。"③ 彰显了其对于教师身正、德高的严格要求。

魏晋南北朝时期，由于动荡的分裂局势、易变的管理制度、频繁的

---

① （汉）扬雄义疏，汪荣宝注疏《法言义疏》，中华书局，1987，第18页。
② （清）孙诒让：《周礼正义》，中华书局，2015，第133~134页。
③ （清）孙希旦：《礼记集解》，中华书局，1989，第23页。

人口迁徙等，暂未出现类似春秋、战国、秦汉时期的教育思想集大成者，鲜有关于师德师风的理论思想。据查，《魏书·高允传》中规定了担任博士与助教的要求，即"博关经典，世履忠清"，此言对教师的基础知识、道德修养做出明确要求。

唐宋时期，教育家们关于师德师风的论述愈发丰富多样，出现了包括韩愈、朱熹等在内的几位教育大家。唐代教育家韩愈关于师德师风的重要论述大多集中于《师说》一文中。首先，他在《师说》一文中开门见山地提出"古之学者必有师"，阐明了学习必须有老师的尊师观点；其次，他提倡教师需以"传道、授业、解惑"为己任，将"传道"（"传扬政治伦理道德"）置于首位，这就要求教师不仅需要具备专业态度、知识与技能，更需拥有高尚的道德品质及正确的价值观念。失去了道德和价值要求的约束，教师职业也就失去了它的社会属性，与一般的社会职业没有本质区别。① 这也意味着，又一次将"人师"（仅塑造道德的老师）与"经师"（仅传授知识的老师）之辩推向高潮。韩愈明确指出："弟子不必不如师，师不必贤于弟子，闻道有先后，术业有专攻，如是而已。"② 彰显了他个人所追寻的平等互助、和谐友爱的师生关系。南宋教育家朱熹，堪称师德师风理论的集大成者。他尤为讲求"德治"，在教育上提出"为学重德育"，以"博学、审问、慎思、明辨、笃行"③ 为基本教育进程，且特别关注施教者的模范作用，希望教师"存天理，灭人欲"，协同言教与身教，以自己的人格感染学生，在道德实践中成为学生的表率④。

明清时期，教育家们在前人思想成就的基础上，对教师的师德师风做出了进一步传承与探索，以"二王"（王阳明、王夫之）的思想最具代表性。明代教育家王阳明的师德师风思想极具自由、民主与解放性

① 石帮宏、石中英：《论"师者，所以传道授业解惑也"》，《高等师范教育研究》2002 年第 6 期。
② （清）吴楚材、（清）吴调侯：《古文观止》，万卷出版公司，2008，第 84 页。
③ 孙昌武：《朱熹选集》，上海古籍出版社，2013，第 11 页。
④ 陈宗荣：《试论朱熹的德治思想》，《中共福建省委党校学报》2018 年第 9 期。

质，在其"致良知"视角下，教师专业道德（师德师风）需通过"立志"（"立志而圣，立志而贤"①）来实现，需通过"知行合一"（"真知即所以为行，不行不足谓之知"②）来落实师德师风实践，需通过"心外无物"（类比"吾心即宇宙，宇宙即吾心"《陆九渊集》）来达到师德师风境界。③明末清初教育家王夫之的教师观主要包括职业道德观、素质观、任务观与教学观。其中，涉及师德师风思想的主要是职业道德观与职业素质观两个部分。一方面，在职业道德观中，王夫之要求教师"言必正言，行必正行，教必正教，相扶以正"（《四书训义》），施教者必须在思想、品德与言行等各个方面成为学生的模范与榜样。同时，他认为，"欲正天下之人心，须顺天下之师受"（《四书训义》），教师的道德优劣与学生的成长、教育的成败、国家的兴衰密切相关，④教师不仅应"不以一人疑天下，不以天下私一人"（《黄书·原极》），具备爱国主义精神，而且要"躬行"基本道德规范，需将师德师风贯穿于教育教学中。另一方面，针对职业素质观，其认为教师应虚心好学，在传道授业前应储备好丰富的知识并做好相关的教学准备工作，即"德以好学为极"（《思问录·内篇》），"欲明人者先自明，欲正人者先正己"（《四书训义》）。

综合来看，春秋战国时期至明清时期的中国古代教育家主要从道德观、学生观、教学观等三个方面展开对"师德师风建设"的重要论述，相关论述均彰显了中华优秀传统文化中"重德修身""弘德养正"的思想精华。其共通性主要表现为在道德观上要求教师在言行、品德、义理等方面成为学生的榜样；在学生观上要求教师"爱人""知人"，不仅要在课堂上关心学生，更要在生活中关爱学生；在教学观上要求教师注重教学方法、重视教学准备。不言而喻，中华优秀传统文化中的师德师

---

① 《王阳明全集》，古籍出版社，1992，第 974 页。

② （明）王阳明：《传习录》，中国画报出版社，2012，第 20 页。

③ 李西顺：《教师专业道德建构——以王阳明"致良知"学说为分析工具》，《教育研究》2022 年第 1 期。

④ 邓双喜：《论王夫之教师观》，《湖南师范大学社会科学学报》2010 年第 4 期。

风建设内容，既有以理论形态为存在方式的优秀传统师德师风文化，又有规范师德师风行为的传统师德师风规范，是新时代加强师德师风建设的重要理论基础和依据。①

（二）中国近现代教育家关于师德师风的重要论述

近代涌现出了诸如康有为、梁启超、蔡元培、徐特立、陶行知、叶圣陶、杨贤江、成仿吾等杰出思想家、教育家，他们在治国、救民的征程中，亦苦苦追寻着中国近现代教育发展真理；在继承前人师德师风理论的基础上，亦结合时代诉求赋予了"师德师风建设"新的意涵与价值。

康有为作为资产阶级改良派的代表人物，其关于教育层面的思想理论主要集中展现在《大同书》中。他在教育领域最突出的成就莫过于他率先对学校教育制度做出完整筹谋、系统规划、详细论述，以"五院"（人本院、育婴院、小学院、中学院、大学院）规定并划分学校教育制度，并分别对五个阶段的教师师德师风提出不同要求。例如，小学院的教师需"静细慈和，有耐心、有恒心、有弄心"；中学院的教师应"学行并高，经验甚深"，且"行谊方正，德行仁明，文字广博，思悟通妙，而诲人不倦"；大学院的教师须"专学精深"等。②

梁启超将自己的一生贡献给了中国近代社会改造，早在1896年，他就已经形成了一套自成体系、内容完备的师范教育思想，在《变法通议·论师范》一文中可见一斑。第一，他极力推崇师范教育，以"开民智"对教师素养提出新要求，主张"师道不立，而欲学术之能善，是犹种稂莠而求稻苗，未有能获者也"。强调教师的专业知识与道德水平对学生、社会以及国家都具有直接影响。第二，他的教育视野十分开阔，早在19世纪他就已经对教师培养的相关理论观点进行了延伸拓展，③讲求"教师之良者……时以官费奖赏之"④，极为注重对具备优

① 彭琛琛：《新时代我国高校师德师风建设研究》，硕士学位论文，西北师范大学，2020。
② 陈学恂主编《中国近代教育文选》，人民教育出版社，1983，第112~122页。
③ 吴洪成：《近代教育家梁启超的师范教育思想探析》，《教师教育研究》2010年第2期。
④ 璩鑫圭、童富勇编《中国近代教育史资料汇编·教育思想》，上海教育出版社，1997，第248页。

良师德师风、高超知识技能的教师的奖赏与激励。

蔡元培作为开创我国近代大学"新机运"的第一人,其关于大学教师的思想理论体系,是个人大学理想在教育教学工作中的现实体现,置之于当下也具备一定的先进性。其一,在教师地位上,由《致北大学生函》可看出蔡元培主张,"北大校务,以诸教授为中心"①,"以专门学者为本校主体"②,蔡元培亲拟《大学令》,施行"教授治校"③ 民主管理制度,即由"教授会+行政会+评议会"组成的教学管理体制确保大学教师的教育核心作用,彰显办学主体地位。其二,在教师聘用上,为将北京大学建成中国最高文化学府,蔡元培要求聘用教师"必以道德为根本"④,同时对所聘教员提出了"积学""热心""用功"三项具体要求。"积学",是对教师学术水平的要求,要求所聘教师专业水平高超,即"对于教员,以学诣为主"⑤,"以终身研究学问者为师"。"热心",是对教师教育理想和道德修养的要求,要求教师对大学教育事业饱含热情与责任,并对教师提出了道德风尚上的要求,即"今之国际道德,止于自他两利,故吾人不能不同时抱爱国心与人道主义"⑥,教师须兼备爱国主义精神与人道主义精神;此外,教师"当有研究学问之兴趣"⑦,尤其应当"养成学问家之人格"的行为准则⑧。值得一提的是,蔡元培于1918年发起了"进德会",号召师生共同"砥砺德行""力挽颓俗"⑨,以《北大进德会旨趣书》《进德会启事》等章程对教师队伍师德师风做出严格要求。"用功"则要求教师具备开拓进取的创

---

① 高平叔:《蔡元培教育论著选》,人民教育出版社,1991,第 469 页。

② 高平叔:《蔡元培教育论著选》,人民教育出版社,1991,第 450 页。

③ 高平叔:《蔡元培教育论著选》,人民教育出版社,1991,第 429~430 页。

④ 杨春茂:《师德修养培训教材——师德修养与师德建设理论与实践》,首都师范大学出版社,2014,第 194 页。

⑤ 高平叔:《蔡元培教育论著选》,人民教育出版社,1991,第 190 页。

⑥ 高平叔:《蔡元培教育论著选》,人民教育出版社,1991,第 81 页。

⑦ 张巨成:《大学是什么?》,《读书》1995 年第 5 期。

⑧ 刘剑虹:《试论蔡元培和梅贻琦的大学教师观》,《华东师范大学学报》(教育科学版)1998 年第 1 期。

⑨ 陆茂清:《蔡元培在北大筹建"进德会"》,《传承》2010 年第 25 期。

新创造精神，始终保持终身学习、不断激发自身的活力。

徐特立深刻把握马克思主义理论，在长期革命教育实践中逐渐形成了丰富的师德、师道、师风思想。他提出，教师应是思想品德高尚，勤奋学习、适时更新知识，以身作则且了解教育科学的且具备多样良好素质的"能者"。其中，针对"思想品德高尚"，徐特立主张"做人民教师的人，他的思想品质的好坏，也就格外显得重要"①。在选聘教师时，他以思想富足、作风正派、品行端正、具备共产主义思想品质为标准，被他器重的教师如陈章甫、罗学瓒、熊瑾玎、周以栗、周世钊等，都具备高尚的道德。②

陶行知在长期教育理论研究与实践积累中形成了较为丰富的师德师风思想，散见于诸如《行知书信》《教师自动进修》《预备钢头碰铁钉》《中国大众教育问题》《普及现代生活教育之路和及其方案》等书信、论文、论著中，主要涉及师德师风的内涵、养成与实践三方面。其一，师德师风思想之内涵。陶行知将师德师风的内涵归纳总结为爱国情怀（"教育以民族的生命为生命"③）、乐业精神（"敬业爱教"）、热爱学生（"爱国爱民"）、集体创造（以集体力量纠正个人主义④）、律己求真（"学而不厌，开拓创新"）五方面，强调教师需从以上五方面磨炼形成较为稳定的个人道德认知、情感、意志与行为。其二，师德师风思想之养成。他以"我的道德有没有进步"⑤为"每天四问"中的重要一环，在他看来，师德师风的养成过程可以被看作"认知+情感+意志+行为"从无到有、从低级到高级、从旧到新的运动过程，⑥只有将师德师风认知、情感、意志与行为四方面落到实处，才算真正培育形成了师德师风。其三，师德师风思想之实践。在陶行知看来，师德师风思

① 《徐特立教育文集》，人民教育出版社，1986，第318页。
② 瀚青、范玉凤：《徐特立师道理论研究》，《河北师范大学学报》（教育科学版）2009年第5期。
③ 《陶行知全集》（第3卷），四川教育出版社，2009，第376页。
④ 《陶行知全集》（第4卷），四川教育出版社，2009，第13页。
⑤ 《陶行知全集》（第4卷），四川教育出版社，2009，第435页。
⑥ 陆娟：《陶行知师德养成理论及其当代价值研究》，硕士学位论文，南京林业大学，2016。

想之实践具备多种形式，分别是于"自身修养"中实践（"做事即修养，修养即做事"①），于"教学做合一"中实践（在做中教、在做中学、在做中涵养师德师风②），于"日常生活"中实践（在社会、学校、家庭以及各类组织中践行师德师风）。

叶圣陶作为"中国教育学"的一代宗师，几乎历经了20世纪中国社会文化教育改革的全过程，形成了较为鲜明、极具特色的教育思想，其中亦含有深刻的关于教师队伍的师德师风建设思想。在数十年的教育生涯中，他始终以学生为本，处处为学生着想，将热爱学生作为教师最基本的职业道德，他反复强调，教师与学生是平等互助的朋友关系，始终践行"要做学生的朋友，要学生做我的朋友"的主张，③ 教师须热爱学生、关心学生、服务学生，在成为学生的"良师"的同时，也成为学生的"益友"，通过教学相长实现师生共同进步。此外，他提出，"教育工作者的全部工作就是为人师表"④。为有效引领学生成长，教师必须"先做学生"⑤，不断进行严格的自我塑造，不断提高个人文化素养、师德师风修养与专业素养，以"不言之教"与"无为之事"真正做到为人师表。

杨贤江主要基于自身教育实践，充分运用马克思主义理论，开创性地分析了教师工作的主要特质、需担当的责任与需具备的基本素质，其师德师风教育思想放之于今日，仍旧熠熠生辉。在论述教师工作的基本素质时，杨贤江提出，真正合格的教师应努力加强自身修养，力求具备强大的政治素质、道德素质、文化素质、艺术素质与身体素质。杨贤江认为，教师的道德是社会道德的缩影与对社会道德一定程度的超越。⑥ 恰如他所言的："盖儿童之于教师，譬犹水之于源，木之于根。欲流

---

① 《陶行知全集》（第1卷），四川教育出版社，1991，第26页。
② 畅肇沁、邢曙：《陶行知师德思想体系探析》，《教育理论与实践》2021年第7期。
③ 陈大庆：《叶圣陶的教师论》，《徐州师范学院学报》（哲学社会科学版）1988年第1期。
④ 叶至善、叶至美、叶至诚编《叶圣陶集》（第11卷），江苏教育出版社，2004，第378页。
⑤ 叶至善、叶至美、叶至诚编《叶圣陶集》（第11卷），江苏教育出版社，2004，第361页。
⑥ 吴洪成、秦俊巧：《传递人类文明的火炬手——从十七大解读杨贤江的教师观》，《河北师范大学学报》（教育科学版）2008年第9期。

清，须浚其源；欲叶茂，须固其根；欲感化生徒，活用教授材料，导之为善之境，大半在教员之品格之高尚也。"① 教师须秉持对中国教育事业的信仰、对广大学生发自内心的热爱、对伟大品格与高贵道德的追寻；须坚守马克思主义的道德认知原则，具备高尚且纯洁、优良且崇高的道德品质。

成仿吾的教育理论生发于民主革命时期，在社会主义建设时期迈向成熟。首先，他强调，教师"身教"重于"言教"，须做到"言传"与"身教"相统一。不仅应在课堂上用口述传授知识的方式去教育学生，更应在课堂外用自身修养品格、生活态度、行事作风等去影响学生，成为学生为人处世的标杆。② 其次，他指出，教师应秉持"红专"态度，重视教书育人，努力、尽力做到为人师表。"真正教师不是教书匠，要向真正人民教师方面努力，不要忘记又红又专的要求。"③ 同时，教师应"充分发挥教育工作培养人改造人的作用，把教学工作作为科学工作来进行"④。

综上所述，康有为、梁启超、蔡元培、陶行知、叶圣陶、杨贤江、成仿吾等中国近现代教育家，均结合自身教育经验与时代背景，提出了包括教师地位、教师聘用、教师学术研究、教师素养、教师教学实践等在内的师德师风重要论述，一同组合形成了一套自成体系、内容完备的师德师风建设教育思想。尤为值得一提的是，中国近现代时期的教育家们将马克思主义基本原理与师德师风建设相结合，要求教师"坚守马克思主义的道德认知原则""具备共产主义思想品质"，要"把马克思主义基本原理同中国具体实际相结合、同中华优秀传统文化相结合"⑤，形成了极具原创性、时代性的教育思想。

---

① 任钟印：《杨贤江全集》（卷1），河南教育出版社，1995，第37页。
② 吕增艳：《成仿吾师德师风建设理论、实践及其当代价值》，《北华大学学报》（社会科学版）2022年第1期。
③ 中央教育科学研究所编《成仿吾教育文选》，教育科学出版社，1984，第179页。
④ 中央教育科学研究所编《成仿吾教育文选》，教育科学出版社，1984，第202页。
⑤ 《习近平著作选读》（第1卷），人民出版社，2023，第14页。

（三）中国共产党历任主要领导人关于师德师风的重要论述

在漫长悠久的历史长河中，中国共产党的历任主要领导人都积极努力地将马克思主义基本原理与中国社会实情、中国教育实况相结合，基本形成了较为完备的、极具中国亮点与中国风貌的中国特色社会主义师德师风建设理论。

1. 毛泽东关于师德师风的重要论述

毛泽东是我国伟大的无产阶级革命家、思想家、教育家，毛泽东思想作为马克思主义中国化的首要体系化成果，是经受住实践与时间检验的关于中国革命与建设的正确理论原则和经验总结，[1] 亦是我党和我国各族人民珍贵的精神财富。其关于教师师德师风的论述也较为丰富。

1917年4月1日，毛泽东在《新青年》第3卷第2号上发表《体育之研究》一文，其中提到，"四者皆不好运动之原因，第一与第四属于主观，改之在己，第二与第三属于客观，改之在人，君子求己，在人者听之可矣"，即学生对运动没有自觉性，一半要怪自己不能深刻地认识问题，一半也要怪教师不懂得开导的办法。[2] 由此可见，教师对学生起到示范作用，学生优良道德的实现也离不开教师的言传身教。是年10月，毛泽东亲自起草了《工人夜学招学广告》，[3] 其从工人的角度出发，以诚恳、亲切且真诚的语言，鼓励广大工人朋友进入夜校学习。1919年4月，毛泽东任教于长沙修业小学，主要担任历史教员，[4] 将新文化、新思想的火种传播给学生。同时，他基于个人对国内外形势的判断，以所在学校为革命活动的主要阵地，开展了包括联合各校举行"五·七"国耻纪念大会、组织分发"请看我国之危险"等革命传单、组织全省学联、声援北京"五四运动"等在内的一系列活动。1920年，

---

① 中共中央党史和文献研究院：《毛泽东思想指导地位的确立及启示》，求是网，http://www.qstheory.cn/dukan/qs/2021-09/16/c_1127863173.htm。

② 毛泽东：《体育之研究》，人民体育出版社，1979，第11页。

③ 孙海林：《毛泽东的教师生涯》，《人民教育》1993年第10期。

④ 孙海林：《毛泽东的教师生涯》，《人民教育》1993年第10期。

毛泽东任一师附小主事，并被推举为一师校友会会长。担任主事期间，毛泽东积极发动教员力量、开源节流、扩大办学规模。① 此时，担任主事的毛泽东，就已经很注重对教师个人专业素养与思想道德修养的综合考量。例如，在教师的聘任上，毛泽东会充分考虑职工与学生的意见，以"才"与"德"为最高选聘标准。1921 年下期毛泽东破格兼任师范部第 22 班的国语教员。② 同年 8 月，毛泽东创办湖南自修大学，③ 以此为起点，在之后的 50 年中，毛泽东在干部教育领域大展宏图，在成为干部教育天地中的教育家的同时，亦成为一位伟大的政治家。

综合来看，毛泽东关于教师师德师风的理论思想主要由教师的地位作用、待遇保障、教育培养、教学方法四部分构成。一是关于教师的地位作用。毛泽东从国家建设与社会发展的角度，充分肯定了教师的重要作用，其指出，"我们的小学教员，任务和功劳是很大的，他们教育了边区的儿童，教育了边区的老百姓，发展了边区教育事业"④。此外，要求各级各类组织充分发挥积极分子的作用，"争取一切可能争取的教授、讲师、助教、研究人员为无产阶级的教育事业和文化科学事业服务"⑤，同时，告诫全党全国要尊重知识分子（教师）的各类劳动，为建立知识分子宏大队伍做好各项保障。二是关于教师的待遇保障。1949 年之后，党中央依循毛泽东意见，对全体教师采取了"包下来"政策，即教师全部享受全民所有制的国家干部的政治待遇，⑥ 住房、收入等经济方面的待遇也相应提高。三是关于教师的教育培养。毛泽东将教师思想建设（师德师风建设）作为教师教育培养的重要内容。他主张，"没

---

① 张泰城：《红色文化资源研究》（总第 12 辑），江西人民出版社，2021，第 72 页。

② 彭小奇、刘鸿翔总编《毛泽东教育思想研究》卷 1，湘潭大学出版社，2013，第 312 页。

③ 邢贲思、陈登才：《毛泽东与 20 世纪的中国》，辽宁人民出版社，1993，第 461 页。

④ 《陕甘宁边区教育史》，陕西省图书馆，https://www.sxlib.org.cn/dfzy/yjwx/yjlz/whjy/jys/201809/t20180913_964446.html。

⑤ 中华人民共和国教育部、中共中央文献研究室编《毛泽东邓小平江泽民论教育》，中央文献出版社、人民教育出版社、北京师范大学出版社，2002，第 75 页。

⑥ 王雪英、苗培周：《论毛泽东的教师思想及其现实意义》，《教育探索》2010 年第 2 期。

有正确的政治观点，就等于没有灵魂"。[①]　"知识分子是首先觉悟的成份……如果不和工农民众相结合，则将一事无成。"[②] 同时应持续不断地改造和革新自己，"在自己的工作和学习的过程中，逐步地树立共产主义的世界观，逐步地学好马克思列宁主义"[③]。四是关于教师的教学方法。毛泽东一贯坚持启发式教学，反对注入式教学，[④] "主要提出了理论联系实际、学以致用、启发教学、循循善诱、提倡主动、主张自学等方法"[⑤]。

要而言之，毛泽东关于师德师风的重要论述是在领导中国革命与建设的伟大进程中提出的，主要从教师的地位作用、待遇保障、教育培养、教学方法等四个方面展开，尤为强调马克思主义理论教育、社会主义和共产主义教育、为人民服务教育以及教师道德修养教育，[⑥] 这些思想精华亦逐渐演变为新时代加强师德师风建设的理论基础、指导方针与建设内容。

2. 邓小平关于师德师风的重要论述

邓小平批判并纠正了关于教育、教学、教师等方面的各类错误观点，看到了振兴中华民族的希望在于"教育"、在于"教师"，率先提出"尊重知识、尊重人才"的口号，[⑦] 同时，他对教师的价值地位、待遇保障、培育建设、师德师风等提出了较多科学、精辟且系统的论断。

邓小平的人民教师观主要由社会价值观、物质利益观和科学发展观三部分构成。[⑧] 其一，社会价值观，主要是邓小平关于教师的社会地位、重要价值等关键意义方面的论述。邓小平认为，教师在教育事业发

---

① 《毛泽东同志论教育工作》，人民教育出版社，1958，第 188 页。
② 《毛泽东同志论教育工作》，人民教育出版社，1958，第 188 页。
③ 人民教育出版社教育室：《毛泽东周恩来刘少奇邓小平论教育》，人民教育出版社，1994，第 208 页。
④ 中共中央文献研究室：《毛泽东著作专题摘编》，中央文献出版社，2003，第 1649 页。
⑤ 李定仁、赵昌木：《毛泽东教学思想探析》，《高等师范教育研究》1991 年第 3 期。
⑥ 曾秀芳：《毛泽东德育思想与新时期高校师德建设》，《莆田学院学报》2002 年第 2 期。
⑦ 冯铁山：《论邓小平教师形象塑造思想》，《教育探索》2005 年第 3 期。
⑧ 李化树：《论邓小平的人民教师观》，《中国教育学刊》2004 年第 9 期。

展过程中扮演着重要角色，发挥着关键作用。他提出："一个学校能不能为社会主义建设培养合格的人才，培养德智体全面发展、有社会主义觉悟的有文化的劳动者，关键在教师。"① 充分肯定了教师在培育社会主义建设所需要的综合型人才中的主导作用。此外，他曾言："我们的科学家、教师发现人才，培养人才，本身就是一种成就，就是对国家的贡献……老师的功绩还是不可磨灭的。"② 邓小平从顶层设计、国家高度层面，实事求是地反复强调并肯定了各级各类教师的不凡贡献与伟大功绩，从理论与政策层面凸显了教师的政治地位和社会作用，这为形成尊师重教的良好氛围奠定了一定基础。其二，物质利益观，主要是邓小平关于教师的薪酬、晋升、投入等经济方面的论述。他曾言："对知识分子除了精神上的鼓励，还要采取其他一些鼓励措施，包括改善他们的物质待遇。"③ 主张使用精神鼓励与物质鼓励相结合的形式，提升广大教师尤其是广大中小学教师的综合待遇。与之同时，他也提及，若要充分"调动科学和教育工作者的积极性，光空讲不行，还要给他们创造条件，切切实实地帮助他们解决一些具体问题"，④ 从教师实际需求与教师个人生活的角度出发，切实地为教师排忧解难，确保他们在开展教育教学活动过程中没有后顾之忧。其三，科学发展观，主要是邓小平关于教师的要求、素质、技能等可持续发展要求方面的论述。他向广大教师提出了成为合格教师的要求，即教师是"经师"与"人师"的统一体，好的老师要"敢教、善教、乐教"，不断提升个人专业修养，积极培育形成良好学风。此外，这一部分亦包含了不少邓小平关于教师队伍师德师风思想的重要论述。例如，邓小平希冀"广大教师努力在政治上、业务上不断提高，沿着又红又专的道路前进"，⑤ 希望全体教师做到思想道德与专业层面的双提升；同时，他号召全社会"热情地关心

① 《邓小平文选》（第2卷），人民出版社，1994，第108页。
② 《邓小平文选》（第2卷），人民出版社，1994，第96页。
③ 《邓小平文选》（第2卷），人民出版社，1994，第51页。
④ 《邓小平文选》（第2卷），人民出版社，1994，第56页。
⑤ 《邓小平文选》（第2卷），人民出版社，1994，第110页。

和帮助教师思想政治上的进步……使更多的人牢固地树立起无产阶级的共产主义的世界观"①,以集体主义的力量加强教师队伍建设,在提高教师队伍整体专业水平的同时,更要提高他们的思想政治素质水平。

如前所述,邓小平以无产阶级战略家的眼光和胆识,形成了集社会价值观、物质利益观和科学发展观于一体的人民教师观,通过明确师德师风建设的政治方向,强调教师爱岗敬业的责任意识,提升教师个人综合素养,阐释了加强师德师风建设对经济发展、科技进步、文化繁荣以及培养社会主义事业的建设者和接班人的重要意义,② 对新时代加强师德师风建设起着重要的指导作用。

3. 江泽民关于师德师风的重要论述

江泽民同志在继承与发展毛泽东教育思想与邓小平教育理论的同时,基于中国国情与中国教育现状,发表了一系列重要讲话,提炼形成了具备时代特质与创新精神的"三个代表"重要思想。与之相应地,江泽民关于教师、教师队伍建设、师德师风建设的理论内涵亦颇为丰富,是新时代后辈建设高水平、高素质教师队伍的重要依据与关键指南,由于关于江泽民教师观的论述较多,下文主要呈现江泽民关于教师师德师风建设的重要论述。

首先,江泽民对"一名合格的人民教师是什么样的"作出定义。总体看来,江泽民主要提出了以下四点要求。一是"两好",即"教书教得好,育人育得好"。1996 年,他在与上海、西安、西南和北方四所交通大学负责人座谈时指出,所有的教师特别是青年教师都要自觉地加强马克思主义的思想、理论、政治和道德修养。教书教得好,育人育得好,才是一个合格的、优秀的人民教师,才是一个名副其实的人类灵魂工程师。③ 二是"两师",即教师是"经师"与"人师"的统一体,这点较为完满地继承了邓小平同志所提出的教师要求,同时更进一步重申

①　《邓小平文选》(第 2 卷),人民出版社,1994,第 109 页。
②　邱哲:《用邓小平教育思想指导师德建设》,《教育探索》2003 年第 11 期。
③　王文生:《江泽民教育发展与创新思想研究》,西安交通大学出版社,2006,第 67~68 页。

了教师要将传经与育人辩证统一、紧密结合起来。三是"二十四字"，即"政治坚定、思想过硬、知识渊博、品格高尚、精于教书、勤于育人"①，充分彰显和体现了党中央对教师教育工作的全方面、高标准的道德要求，为教师的师德师风塑造指明了方向。四是"三点希望"，即"志存高远、爱国敬业；为人师表、教书育人；严谨笃学、与时俱进"②，这三点希望是对"二十四字"要求的精准概括，与"二十四字"要求一脉相承，将教师师德师风摆在了首要位置。

其次，江泽民对"如何成为一名合格的人民教师"提出要求。第一，他要求将教师思想道德建设置于显著地位。1997 年 6 月，江泽民指出，要把教师的思想道德建设摆在突出地位。③ 从国家层面对教师综合素质作出明确规定，以思想道德为最基本、最突出的考核评价标准。第二，他提出，教师须自觉塑造、磨炼与提升个人的师德、师智与师能，即要求奋力锻造一支"具有正确的世界观和教育思想，掌握现代教育内容、方法和技术，善于从事素质教育"④ 的教师队伍。第三，他强调要采取多样化措施，创造性地提升整体教师队伍的综合素质，对于在学业和道德上都不合格的人（教师），必须果断地调整出去，⑤ 以一种较为委婉的说法，对在师德师风层面不过关的教师进行处理。

综上所述，江泽民关于师德师风的重要论述主要围绕教师学习与实践展开，强调在此过程中，教师应增进对"合格人民教师"的理解与把握，增强对师德师风建设的责任感，身体力行地落实师德师风规范，不断向"合格人民教师"靠拢。

---

① 中国教育科学研究院：《中国共产党百年教育大事记（1921-2021）》，教育科学出版社，2022，第 551 页。
② 毕诚：《科教兴国与教育创新——江泽民教育论述学习和研究》，江西教育出版社，2002，第 469 页。
③ 胡涵锦：《江泽民教育思想研究》，上海交通大学出版社，2011，第 110 页。
④ 曾雅丽：《江泽民学校德育思想探析》，《学校党建与思想教育》2011 年第 28 期。
⑤ 闫长生、苍翠、汤洪庆：《江泽民的教师观探析》，《黑龙江高教研究》2002 年第 6 期。

4. 胡锦涛关于师德师风的重要论述

胡锦涛在继承与发扬毛泽东、邓小平、江泽民等人教育理论的基础上，站在新的历史起点上，结合当时的世界形势、中国国情与教育实况，在长期理论考量与实践指导过程中逐渐形成了以"科学发展观"为指导的较为完备的教育思想体系，亦将中国教育事业发展推向新高度。

胡锦涛关于教育的思想体系主要包括以下几点。以"科学发展观"为统领；坚持教育优先发展；坚持促进教育公平；坚持育人为本、德育为先；坚持深化教育改革、施行素质教育、加强教师队伍建设；聚力办好人民满意的教育六方面。[①] 其中，他关于教师的师德师风的重要论述主要体现在"加强教师队伍建设"部分。胡锦涛在 2007 年 8 月底同全国优秀教师代表座谈时谈及："推动教育事业又好又快发展，培养高素质人才，教师是关键。没有高水平的教师队伍，就没有高质量的教育。"[②] 极大地彰显了"教师"对于培养各级各类人才、发展国家教育事业的不可或缺的重要作用。为此，他提出了"三个必须"与"四点希望"，为进一步加强教师师德师风建设指明了具体方向。

"三个必须"，展开而言是必须高度重视和切实加强教师队伍建设，必须吸引和鼓励优秀人才从事教育工作，必须形成尊师重教的良好社会风气。[③] 第一，通过提升收入水平，完善医疗、住房、养老等方式给予广大教师经济利益、政治作用、社会价值、职业地位等多方面的保障，合力改善教师的工作、学习、生活环境；第二，制定可行性强的法规制度，鼓励各类人才长期甚至终身从教，激励广大人才不光在发达的东部地区从教，更要到农村地区、偏远地区、民族地区、祖国需要的地区从教；第三，积极宣传优秀教师的感人事迹，让社会充分了解教师这份职业的特殊性、艰辛与荣光，让教师以其道德、人格、学识以及工作成效

---

① 　顾成敏：《胡锦涛论教育初探》，《学校党建与思想教育》2010 年第 30 期。
② 　胡锦涛：《在全国优秀教师代表座谈会上的讲话》，人民出版社，2007，第 4 页。
③ 　任斌、赵世荣：《胡锦涛教育思想初探》，《学校党建与思想教育》2009 年第 3 期。

赢得广泛尊重。

"四点希望"，具体指的是希望各级各类教师"爱岗敬业、关爱学生，刻苦钻研、严谨笃学，勇于创新、奋发进取，淡泊名利、志存高远"。① 一是希望教师真正热爱教育事业，对教书育人始终满怀热忱，同时，对受教育者饱含真心与关爱，以"三真"（真心、真情、真诚）呵护、关心与热爱学生；二是希望教师做好知识的传播者与缔造者，永葆一颗学习之心，永怀不懈求知精神，不断拓宽个人视野、革新知识结构；三是希望教师富含创新创造精神，积极且勇于探索教育教学中的新思想、新理念、新问题、新内容、新方法、新载体、新手段等，以"教师"创新带动"学生"创造；四是希望教师内部形成崇高的道德风尚，即高尚的师德师风，立志笃行，别无杂念，一心教书育人。

由此来看，胡锦涛关于师德师风的重要论述，思想深刻、内涵丰富、阐释真切，是对新时期师德师风建设规范的新概括与新论述，在充分肯定全国各级各类优秀教师学为人师、行为世范的高尚品德的同时，也从顶层设计层面对教育主力军提出了严格要求，亦为广大教师为人、为师、从教指明了具体方向，能够为新时代进一步加强教师队伍建设尤其是加强教师师德师风建设提供有益借鉴。

5. 习近平总书记关于师德师风的重要论述

党的十八大以来，习近平总书记就新时代背景下我国教育改革与教育事业发展提出了众多重要论断，包括但不局限于教育发展新思想、教育改革新举措等，其中不乏教师队伍师德师风建设相关的崭新观点与特殊要求。诚如习近平总书记所言："教师是人类灵魂的工程师，是人类文明的传承者，承载着传播知识、传播思想、传播真理，塑造灵魂、塑造生命、塑造新人的时代重任。"② 不言而喻，其关于师德师风的重要论述具有站位高、内涵深、视野广的重要特征。

---

① 《努力办好让人民满意的教育》，《人民日报》2007年9月4日，第1版。
② 《习近平出席全国教育大会并发表重要讲话》，中国政府网，https://www.gov.cn/xinwen/2018-09/10/content_5320835.htm。

一方面，习近平总书记关于师德师风的重要论述主要涉及"时代诉求、思想积累、个人沉淀"三方面。其一，从"世界大变局"与"民族复兴全局"出发，习近平总书记以高位性、战略性、全局性眼光，研判了教师的"时代之变"。世界形势以及中华民族伟大复兴的时代任务，对新时代教师师德师风建设提出了更高的标准与更严苛的要求。其二，习近平总书记关于师德师风的重要论述承继了马克思、恩格斯等马克思主义经典作家的思想精华，汲取了中华优秀传统文化中的师德师风文化精髓，借鉴了毛泽东、邓小平、江泽民、胡锦涛等中国共产党人关于师德师风建设的历史经验。其三，习近平总书记的知青岁月与工作实践，为其形成新时代背景下的师德师风建设理论奠定了思想基础。[①]

另一方面，习近平总书记关于师德师风的重要论述的内容体系主要可以分为内涵、地位、目标与路径四部分。其一，是师德师风的内涵。习近平总书记强调，好老师"有一些共同的、必不可少的特质"[②]，其中包括具备坚定的、正确的理想信念，具备大爱的、深沉的爱国情怀，具备扎实的学识功底，具备改革创新意识，具备高尚道德情操，具备宽厚仁爱之心等。其二，是师德师风的地位。习近平总书记的相关重要论述阐明了"教师师德师风建设"工作的重要意义，廓清了师德师风建设在教师队伍建设中的核心地位。其三，是师德师风的目标。习近平总书记提出，师德师风建设的主要目标是造就"党和人民满意的好老师"，并以"四有好老师""四个相统一""四个引路人""六要""中国特有的教育家精神"等殷切期许推动师德师风建设目标的实现。其四，是师德师风的建设路径。习近平总书记立足"以德修身、以德育才、德才兼备"的实践导向，主张通过优化师德师风建设环境、机制、教育、培训等方式，从党中央、国家、社会、学校、组织、教师、学

---

① 徐世亮：《习近平关于师德师风建设重要论述研究》，硕士学位论文，东北师范大学，2022。

② 习近平：《做党和人民满意的好老师》，《人民日报》2014年9月10日，第2版。

生、家长等八个层面助推教师师德师风发展。

综合来看，习近平总书记关于师德师风的重要论述从内涵、地位、目标与路径四个层面科学、系统地回答了"培养什么人""如何培养人""为谁培养人"的根本问题，为总结我国师德师风建设经验构建了逻辑框架，为践行新时代教师使命提供了根本保证，也为推进社会主义教育强国建设提供了科学方案。① 新时代加强师德师风建设，需严格以习近平总书记关于师德师风的重要论述为基本坐标，落实好、实现好、发展好"立德树人"的根本任务。

二 国外教育家关于师德师风的重要论述

国外教育家关于师德师风的重要论述历经了漫长的发展进程，整个演变过程较为缓慢，可以细分为古希腊罗马、中世纪、文艺复兴、启蒙运动、近现代等多个时期，西方各国关于师德师风的实践在不断拓展的同时，师德师风内容亦随着历史进程的推进不断革新、完善，形成了立体化、多模态的师德师风教育理论体系。

古希腊罗马时期，教师是一种不被社会所认可的存在，他们的地位仅高于奴隶，整体来看较为低下，仅有少部分教育家提出了自己关于师德师风的论断。苏格拉底认为，"真正好教师的标准在于其是否关心他或她所教的人的灵魂是否、如何变得健全与好"，② 即好老师的基本特质是"照料与关心灵魂"③。而柏拉图则在其著作《理想国》中提出，人理应具备"四种灵魂"——智慧、勇敢、自制、公正，他更加强调教师灵魂上的公正，因为"公正"是在"智慧""勇敢""自制"三者之上的、更高层次的、普遍适用的道德。④ 此外，他亦提出，真正的好

---

① 管秀雪：《习近平师德师风建设重要论述的核心要义与价值意蕴》，《中学政治教学参考》2022 年第 28 期。

② 金生鈜：《"不教"的教师精神》，《少先队研究》2018 年第 5 期。

③ 〔法〕福柯：《主体解释学》，佘碧平译，上海人民出版社，2010，第 48 页。

④ 黄碧泉：《论高校教师灵魂的公正——读〈理想国〉有感》，《法制与社会》2007 年第 8 期。

老师是能够凭借自身完备的"教育技艺",引导学生灵魂走向完善的教育者①。教育家昆体良则主张,教师"既应教学生怎样演讲,又应教学生怎样做人"②,讲求教师工作性质的多面性。

中世纪,又可称为"黑暗时期""黑暗时代"。这一时期,由于宗教对民众思想的禁锢,政治动荡战争频发,文学、经济、科技等方方面面停滞不前,社会、家国毫无生气可言,教育领域的师德师风的相关理论亦没有取得建设性突破。

三次思想解放运动即文艺复兴、宗教改革与启蒙运动促使西方顺利走出黑暗昏沉的中世纪,迈入近代社会,迎来了文学、美术、音乐、天文、数学、物理、医学、地理、建筑等多样文明的重生与振兴。与之相应地,涌现出了一批思想先进、提倡人性、引领潮流的教育家,其从不同角度对师德师风做出了诸多重要论述。基于人学思想生发出教育思想的民主主义教育家夸美纽斯,从教育目的、教育原则、人才培养三方面对教育者师德师风提出要求。他认为,教师肩负着"种植并灌溉天国娇嫩的接穗"的职责,③ 在整个教育过程中应当始终满怀热情与朝气,"使你们(教育者)和受到你们的影响的人(受教育者)都不止息,直到你们的祖国全被这个热情的火炬所照亮"④。但是不可否认的是,由于整个时代限制与个人宗教信仰的原因,夸美纽斯的教育思想带有一定的宗教意味。而著有《教育漫话》一书的英国"自由主义之父"约翰·洛克,主张通过教育培养有益于巩固资产阶级革命成果的"绅士",并提出将智育、德育、体育作为"绅士教育"的核心。他强调,需以教育训诫规范教师的行为,"导师(教师)的行动千万不可违犯自己的教训,除非是存心使儿童变坏"⑤;同时他主张合格的导师(教师)

---

①　刘铁芳、孙意远:《儿童何以成为整全的生命:儿童教育的意蕴及其实现》,《湖南师范大学教育科学学报》2020 年第 4 期。

②　任钟印选译《昆体良教育论著选》,人民教育出版社,1989,第 72 页。

③　刘黎明:《夸美纽斯的人学思想及其教育学意蕴》,《武汉科技大学学报》(社会科学版) 2021 年第 4 期。

④　〔捷克〕夸美纽斯:《大教学论》,傅任敢译,教育科学出版社,1999,第 239 页。

⑤　〔英〕约翰·洛克:《教育漫话》,傅任敢译,人民教育出版社,1989,第 72 页。

需要具备德行、教养、智慧和学问四方面素养，① 其中，尤为重视"德行"的价值，"唯有德行才是真正坚实的善"②，以"仁爱、勇敢、公正、勤奋"对教师和学生的道德作风提出要求。

近现代以来，以英、美、德、法等为代表的西方各国出台了适用于初等、中等、高等各级教育阶段的教育法案，对教育体制进行了不同层次的连续改革，不断提升教师地位，也涌现了大批对"教师师德师风"做出详细阐释的教育家们，以赫尔巴特和杜威为主要代表。赫尔巴特，因在教育领域的伟大贡献——建立起近代教育史上第一个系统严谨的普通教育学体系而坐拥"现代教育学之父"的美誉。在他看来，教育教学必须为国家、社会培养具备良好道德品质的人，从教育目的上就明确规定了教育教学的道德性。此外，在他心目中，教师集"教学""管理""研究"于一身，既权威、不可侵犯，又仁慈、关怀备至，其"本身对于学生来说就是一种丰富而直接的经验对象"③，不言而喻，教师的一言一行、所作所为"即使看起来最微不足道的也能获得光彩和真正的价值"，④ 都会深深地影响学生，因而，教师必须通过主动完善自身性格品质、灵活处理教育教学材料、生动有感染力的讲解，努力践行"教育性教学"，充分发挥教育的力量。约翰·杜威的教育思想可以看成赫尔巴特教育思想的"镜像"，他提出了与"教师中心论"截然不同的"儿童中心论"，相应地，对教师的角色要求也创造性地从"主导型"转变为"反思型"。他主要从师生关系上对师德师风做出强调，即教师要拒做教育教学的"独裁统治者"，争做师生互动的"友好交往者"，须在树立正确学生观的基础上，尊重学生个性，维护学生自尊。⑤

---

① 谢娜：《漫话中的"教师观"——读洛克〈教育漫话〉有感》，《语文建设》2016年第21期。
② 〔英〕约翰·洛克：《教育漫话》，徐大建译，上海人民出版社，2010，第57~58页。
③ 〔德〕赫尔巴特：《赫尔巴特文集》（三），李其龙等译，浙江教育出版社，2002，第69页。
④ 〔德〕赫尔巴特：《赫尔巴特文集》（五），李其龙等译，浙江教育出版社，2002，第278页。
⑤ 赵晓艳：《试论杜威的教师观及其对教学改革的启示》，《西北民族大学学报》（哲学社会科学版）2005年第5期。

马克思、恩格斯、列宁等马克思主义经典作家的教师观以"人"为本，瞄准"人"的全面发展，指向"人"的终极幸福，对教师队伍的师德师风做出了潜隐性规定。例如，马克思率先提及"教育者本人一定是受教育的"①，这就意味着教师在传授知识之前必须在道德、专业、技能等多方面接受教育并通过考核，即"教育者先受教育"。恩格斯则基于社会调查，审视了当时教师队伍素质不高的现实滞碍，同时对缺乏教育者必备素质的教师予以尖锐批评："（部分教师）只是为了生活才来当教师，大多数连自己也没有具备最必要的基本知识，缺乏教师所应当具备的道德品质。"②而列宁则要求广大教师自觉、自动成为"社会主义教育的主力军"③，"认真地贯彻共产主义的原则（政策）"④，提振教师的精气神，"使他们具有真正符合他们的崇高称号的全面修养，而最最重要的是提高他们的物质生活水平"⑤。

总的来说，国外教育家虽然没有明确使用"师德师风"这一提法，但是其思想理论却顾及师德师风建设的教师素养、教师地位、教师待遇等不同层面，结合当前"加强教师队伍建设"的任务部署，国外教育家的教育主张虽然年代久远，但是诸如教育者先受教育、照料与关心灵魂、教师应成为社会主义教育的主力军等思想对新时代加强我国师德师风建设仍具有重要指导意义。

第三节　新时代加强师德师风建设的价值意蕴

党和国家历来重视师德建设。习近平总书记多次强调要将师德建设放在突出位置，政府也陆续颁布系列政策法规对师德建设予以政策指导

---

① 《马克思恩格斯选集》（第1卷），人民出版社，1995，第55页。
② 《马克思恩格斯全集》（第2卷），人民出版社，1957，第395页。
③ 《列宁全集》（第34卷），人民出版社，2017，第392页。
④ 《列宁选集》（第3卷），人民出版社，2012，第744页。
⑤ 《列宁全集》（第43卷），人民出版社，2017，第362页。

和保障。① 事实上，加强师德师风建设是高素质教师队伍建设的基础，是提高教育质量的保障。然而，在师德师风建设的实际工作过程中，经常出现零散化和单一化工作倾向，导致较少系统化探索师德师风建设工作的价值意义。对此，本研究将首先对师德师风建设的时代价值进行阐述，在此基础上探讨新时代加强师德师风建设的理论模型建构及具体实践方略等。具体而言，开展师德师风建设工作的时代价值主要体现在助力师德师风建设目标的全面统整、助力师德师风建设政策的有序落实、助力教师伦理实践危机的有效解决以及助力师德师风理论意涵的科学界定四个方面。

一　加强师德师风建设，能够有效统筹师德师风建设目标

目标的实现需个体或团体不懈努力，只有围绕正确的目标才能做出科学的决策，进而开展恰当的行动。明确师德师风建设目标，是新时代加强师德师风建设的灵魂所在。当前，不同主体对于师德师风建设的目标设定往往各执一端，价值取向较为混乱，无法形成师德师风建设工作中动态性、整体性的稳步推进理路。总体来看，不同的道德主体在面对建设底线式的师德师风还是推动建设"崇高性"师德师风的目标导向时，仍然存在较大"争议"，坚守"底线"还是追求"高尚"，抑或二者兼顾，这是一个不容忽视的关键之问。例如，有研究者主张教师的道德建设应遵循"取法乎上"的策略，② 强调师德师风建设的"崇高性"导向，认为当下师德师风建设存在问题的原因就在于教师失去了信仰，进而忘却了对教师的职业认同感和道德感，才会出现许多为师不尊、教师职业的庄重感和尊严感淡化和消退的不正常现象。③ 当然，也有不少

---

① 韩国海：《大学师德建设的内涵价值、现实困境与路径选择》，《现代教育管理》2021 年第 12 期。
② 甘剑梅：《教师应该是道德家吗——关于教师道德的哲学反思》，《教育研究与实验》2003 年第 3 期。
③ 钱广荣：《为师当自尊：师德师风建设的立足点》，《思想理论教育》2018 年第 11 期。

学者呼吁，师德师风建设的当下目标应当从强调师德崇高性转向着重探讨底线师德的边界及内容。[①] 在师德建设中，教师职业道德需要底线，这是师德体系发挥职业性功能的前提和基础；教师的职业生活需要底线师德予以保证，以确保教师能够在伦理上达到基本的要求。[②]

严格来说，师德师风建设目标无论是单向度地强调底线建设还是崇高性标准，实际上都忽视了师德师风建设的目标是通过实现一个一个的阶段性目标逐步完成的，其具有连续性、渐进性、动态性和整体性的系统化特征。此类单向度的目标导向，不利于我国长远的师德师风建设。并且，纵览我国加强师德师风建设的各个历史阶段，师德师风建设的目标导向必须同时兼顾"底线性"师德师风建设与"崇高性"师德师风建设，二者相互交融，不可偏废，应达成两个价值层面的有机融合统一。因此，新时代师德师风建设需要设立统一性、普适性、整合性的目标，根据习近平总书记的重要论述，"教师的职业特性决定了教师必须是道德高尚的人群。合格的老师首先应该是道德上的合格者，好老师首先应该是以德施教、以德立身的楷模"，"师者为师亦为范，学高为师，德高为范"[③]，让教师在满足于达成基本的、一般的、合格的"坚守底线"的目标的同时，踊跃进取、积极努力地向进阶的、特殊的、优异的"追求崇高"阶段迈进。

2019 年，教育部等七部门联合印发的《关于加强和改进新时代师德师风建设的意见》明确指出，进行师德师风建设的总体目标是"教师思想政治素质和职业道德水平全面提升，教师敬业立学、崇德尚美呈现新风貌。教师权益保障体系基本建立，教师安心、热心、舒心、静心从教的良好环境基本形成，师道尊严进一步提振。全社会对教师职业认同度加深，教师政治地位、社会地位、职业地位显著提高，尊师重教蔚然成风"[④]。

---

① 李敏、檀传宝：《师德崇高性与底线师德》，《课程·教材·教法》2008 年第 6 期。
② 李敏、檀传宝：《师德崇高性与底线师德》，《课程·教材·教法》2008 年第 6 期。
③ 习近平：《做党和人民满意的好老师》，《人民日报》2014 年 9 月 10 日，第 2 版。
④ 《教育部等七部门印发〈关于加强和改进新时代师德师风建设的意见〉的通知》，中国政府网，http://www.gov.cn/xinwen/2019-12/16/content_5461529.htm。

不言而喻，加强新时代师德师风建设，在当下着力倡导为师先自尊，能够促使教师深刻认识到自身职业的神圣感和使命感，激励每一位教师都以教育家为榜样，朝着成为新时代的"四有"好老师目标奋进，能够助力在实践中检验、统一、整合师德师风建设目标，使"底线性"师德师风建设与"崇高性"师德师风建设目标合理共存，促使建设目标更为全面、科学、系统，这实际上符合统一师德师风建设目标的需要，进而推动建设工作更为流利、顺畅、有效地开展，亦在实现塑造师德师风建设目标之具体形态的同时，实现顶层设计中所要求的总体性目标。

二 加强师德师风建设，能够有序落实师德师风建设政策

师德师风建设是各级各类学校教师队伍建设过程中的关键环节，党和国家历来重视教师队伍的师德师风建设问题。习近平总书记强调，评价教师队伍素质的第一标准就是师德师风。[1] 党的十八大以来，以习近平同志为核心的党中央高度重视师德师风建设，聚焦师德师风的根本性、方向性、关键性问题，提出了一系列新论断和新要求。[2] 譬如，2014 年，习近平总书记在参加北京师范大学师生代表座谈时指出，"做好老师，要有理想信念""做好老师，要有道德情操""做好老师，要有扎实学识""做好老师，要有仁爱之心"。[3] "四有"好教师的提法为新时代师德师风建设指明了方向、提供了航标。2023 年 9 月，在第 39 个教师节到来之际，习近平总书记在致全国优秀教师代表的信中首次从理想信念、道德情操、育人智慧、躬耕态度、仁爱之心、弘道追求等六个方面对教育家精神进行了深刻而精辟的阐述。[4] 为此，在新时代背景下，各级主体必须充分认识到加强师德师风建设的重要时代意义。

① 张烁:《坚持中国特色社会主义教育发展道路 培养德智体美劳全面发展的社会主义建设者和接班人》，《人民日报》2018 年 9 月 11 日，第 1 版。
② 柏路、包崇庆:《习近平关于师德师风重要论述的生成逻辑、内容结构及理论品格》，《思想教育研究》2021 年第 9 期。
③ 习近平:《做党和人民满意的好老师》，《人民日报》2014 年 9 月 10 日，第 2 版。
④ 《习近平致全国优秀教师代表的信》，中国政府网，https://www.gov.cn/yaowen/liebiao/202309/content_6903084.htm。

目前我们所处的新时代，"是中华民族从站起来、富起来到强起来的伟大时代，是中国特色社会主义展现强大生机活力的伟大时代，是中国社会主义现代化走向成功的伟大时代"①。中华民族要在社会主义建设的新时代实现中华民族伟大复兴的中国梦，需要各个系统的强有力的支持。其中，教育是基础性和先导性的国家事业，教师自然是教育事业的中坚力量。由此，在新时代背景下，注重加强与改进师德师风建设，建立健全师德师风建设的长效机制，从根本上关系着教育培养什么样的人、怎么样培养人和为了谁培养人的本质问题。为此，明晰师德师风建设的现实处境，寻求建立健全师德师风建设长效机制的方式、方法，对于新时代师德师风建设具有重要意义。恰如《荀子·大略》所言，"国将兴，必贵师而重傅"，有组织、有秩序地加强新时代师德师风建设，培养新时代的"四有"好老师，深入贯彻落实习近平总书记关于教育的重要论述和全国教育大会精神，落实师德师风建设的有关政策要求，是实现中华民族伟大复兴中国梦的现实诉求。为此，有关部门也先后出台了《中小学教师专业标准（试行）》（2012 年）、《关于全面深化新时代教师队伍建设改革的意见》（2018 年）、《关于加强和改进新时代师德师风建设的意见》（2019 年）等一系列政策文件，旨在推动各级各类学校师德师风的建设工作，并明确了把全面加强师德师风建设工作作为教师队伍建设工作的首要任务。

但是，不可否认的是，师德师风建设的有关政策在推进的过程中确然与最初有关师德师风建设工作政策制定的初心有所出入。相关政策虽然积极倡导加强和改进师德建设，努力为建立健全师德建设的长效机制提供支持，但在具体的落实过程中面临无法协同推进的现实困境。不少具体的政策措施和各学校内部管理的各种规范措施仍然存在许多明显的不足，有些教育政策执行的过程以及产生的结果，偏离了政策制定时的预设目标。例如，在对师德师风建设的认知上，部分建设主体在内容认

---

① 田克勤：《中国特色社会主义新时代内涵的多维思考》，《马克思主义理论学科研究》2018 年第 2 期。

知、层级认知和类型认知上存在偏颇，对具体建设任务与内容不够了解；^① 而在师德师风建设的行动中，一些学校师德师风教育宣传的吸引力和影响力不足，缺少整体设计与规划^②，致使学校教师思想政治素质弱化、业务能力虚化^③；另外，在对师德师风建设工作进行评价时，很多单位师德师风评价体制的支撑部门力量薄弱，未能形成多部门联动考核，评价机制运行不畅，^④ 有些教育质量评估指标，重智育，轻德育，对青少年放松了最为重要的科学世界观、社会价值观和文明道德观的培育，造成不少所谓的"优等生"有文化没道德，成为"精致的利己主义者"的现象^⑤。这就在客观上要求新时代师德师风建设能够正本清源，改善师德师风政策的落实情况。毋庸置疑，从师德师风建设认知、师德师风建设行为与师德师风建设评估等方面对当前师德师风建设工作做出详细总结，结合新时代特质研究改进与明晰新时代师德师风建设工作的理论模型与实践进路，是有序落实师德师风建设政策的必由之路，能够及时改变与政策初心不符的政策落实情况，并适时扭转师德师风失范的不良局面。

三　加强师德师风建设，能够有效解决教师伦理实践危机

加强师德师风建设是解决现实中师德师风实存问题的有效方法。虽然有各种有目的、有计划的政策和规则为师德师风的建设提供源源不断的支撑，在一定程度上规范着教师的行为，对解决教师的师德师风建设的实践问题具有一定的作用，但毕竟此类规则与政策并未内化为教师的思想，新时代加强师德师风建设仍面临困境，^⑥ 中小学教师师德师风失

---

① 康宁、李亮：《利益相关者理论视域下高职院校师德师风建设路径反思与再设计》，《职教论坛》2023 年第 1 期。

② 邸燕茹：《新时代高校师德建设研究》，《思想理论教育导刊》2018 年第 4 期。

③ 刘志礼、韩晶晶：《新时代高校师德师风建设：内涵意蕴、现实困境及破解之道》，《现代教育管理》2020 年第 9 期。

④ 周强：《新时代高校教师师德建设长效机制构建》，《中国高等教育》2019 年第 23 期。

⑤ 王正平：《澄清理念和改善政策是师德治理的根本维度》，《探索与争鸣》2014 年第 4 期。

⑥ 席梅红、万小羽：《新时代加强中小学师德师风建设的挑战与路径》，《广东第二师范学院学报》2022 年第 1 期。

范行为仍然存在，诸如教师队伍中的道德滑坡、厌岗怠业、学术不端等不道德现象时有发生，仍存在不符合教师身份、有悖教师角色的行为。① 截至 2022 年 8 月 30 日，教育部已经连续公开曝光十批违反教师职业行为十项准则的典型案例，师德师风失范行为涉及面广，具体包含吸毒、虐待幼儿、体罚学生、学术不端、骚扰猥亵学生、违规使用经费等。② 与此同时，师德师风失范现象导致社会对教师声望的信心降低，严重损害了教师队伍的良好形象。社会评判往往秉持着一种简单的因果决定论取向，将师德师风失范现象产生的原因仅仅归结为教师自身这一单一因素。由此，"用局部代表整体，用个体说明集体"的机械论观点又使有的教师认为，师德建设的压力全部集中在教师个体身上这一做法并不公平，教师群体也希冀社会给予其合理的道德期待，从而使教师个体专业道德发展与社会的道德期待之间的矛盾能够得到有效缓解。同时，为解决实践中的师德师风问题，有关部门研究、制定并出台了诸如《中小学教师违反职业道德行为处理办法》等政策、规则。但是，制订有关的政策等依旧是权宜之计，"虽然意在针对社会反响突出的若干项师德失范行为进行集中整顿，体现了时效性，但严谨性与全面性显然不足"③。

由此可见，更为谨严地构建师德师风建设的长效机制、推动新时代师德师风建设，能够有效破解残留的师德师风建设实践难题、化解现存的教师伦理实践危机。一方面，"标本兼治"，从师德师风建设本源出发，着力提升教师队伍的思想修养、道德修养，帮助他们更好地理解和接纳个人身份和职业责任，更好地回答关于"我是谁""我们是谁"的教师自我认同追问④，也即回答个体作为一名人民教师的责任与义务以

---

① 杜时忠：《人文教育与制度德育》，安徽教育出版社，2012，第 216 页。

② 《教育部公开曝光第十批 7 起违反教师职业行为十项准则典型案例》，中华人民共和国教育部，http://www.moe.gov.cn/jyb_xwfb/gzdt_gzdt/s5987/202208/t20220830_656569.html。

③ 程红艳、陈银河：《超越纵容默许与重拳出击：师德失范行为治理的对策》，《中国教育学刊》2019 年第 2 期。

④ 蔡辰梅：《教师职业生活中的自我认同危机》，中国社会科学出版社，2016，第 175 页。

及整个教师群体存在的价值与意义、归属与认同，深化教师的自我认同
和群体认同，逐步打造一支高素质、高标准、高水平的，且经得起历
史、人民、时代检验的教师队伍。另一方面，"众人植树树成林"，加
强师德师风建设亦能将责任拓展、衍生到各个不同领域、各级各类主
体，从而摒弃单一因果决定论，借助政府、学校、家庭等来自社会的多
方力量有效处理教师伦理实践危机，通过诸如政府建立健全教师管理体
制改革机制，学校完善落实师德师风考核评价机制，家庭广泛宣传尊师
重教理念、做好尊师文化建设等方式真正在全社会范围内营造尊敬师
长、从教光荣的浓厚氛围，从方方面面高效攻破师德师风建设难点。

在此意义上，本研究基于师德师风建设的价值、内涵、历史、理论
等所搭建的科学化师德师风建设理论模型，有助于对新时代师德师风建
设进行分类定性、分层治理、分级评价，并对当下师德师风建设存在的
问题提出可行的实践对策，从而有序提升新时代师德师风建设的整体
水平。

四 加强师德师风建设，能够有力阐明师德师风理论意涵

在教育领域，因视角不同，专家们对同一问题的看法不尽一致，甚
至出现相互对立的情况。当下，师德师风建设的基本意涵有待厘清，师
德师风建设的理论依据尚需深化，对新时代师德师风现状的全局性和细
节性把握有待加强。

一是新时代加强师德师风建设过程中的"师德"概念、"师风"概
念、"师德师风建设"概念等尚缺乏定论，其基本内涵亦早与以往时代
有所不同。传统的师德师风起源于教育领域公共生活的需要，其主要目
的是对教师在教育领域公共生活中的行为进行约束；而现代教育领域师
德师风建设针对的是师德观念下滑或缺失的现实。恰如我国学者辛未等
在综合多种文献的基础上所得出的结论："目前国内学界对师德师风的
认识存在较大分歧，没有形成统一的认识。"[①] 为此，我们需要结合时

---

① 辛未、姬冰澌：《师德概念研究述评》，《上海教育科研》2018 年第 9 期。

代特征，通过研究建立一个师德师风理论模型，统整、强化对"师德师风建设"相关内涵的认识，进一步分析师德师风的基本构成与整体形态。

二是对加强师德师风建设的理论依据的认识不足。回溯过往，在历史的进程中已然产生了诸多适用于支撑师德师风建设的理论依据。例如在中国传统社会中，广为人知的"修身""齐家""治国""平天下"，既是日用的伦理道德准则，也为传统社会师德师风建设提供了哲学论据，且促使广大读书人拥有自我修炼、海纳百川的道德信念与精神动力；又如西方教育家昆体良所言的，"教师应既教学生怎样演讲，又教学生怎样做人"①，将教书提到与育人同等重要的地位；立足于新时代背景，习近平总书记提出了一系列重要论述。不言而喻，支撑师德师风建设的理论不胜枚举，但目前的建设认知短板主要体现为对师德师风建设理论的理解性不强、把握度不够以及运用率不高。

三是对新时代加强师德师风建设的全局性掌控不周、对所处阶段不明。例如，师德师风建设主体意识淡薄，不少教师在处理"教书"与"育人"关系上不尽如人意②；师德师风建设行动混乱无序，目标、阶段等含糊不清，师德失范以及有损师风建设的行为问题凸显；师德师风建设评价标准不一，关于师德师风的各类考核评价尚不成体系，评价阶段容易被忽视，"师德师风一票否决"的可操作性不强③，执行力不强。为此，减少乃至规避违反师德师风的行为必须从师德师风的建设着手，以此正本清源，在厘清师德师风建设的标志性概念的基础上，解决师德师风建设的现实问题。

加强师德师风建设能够促进对其本身理论基础的准确认知。首先，加强师德师风建设能够促进对"师德""师风""师德师风建设"等核

---

① 任钟印选译《昆体良教育论著选》，人民教育出版社，1989，第72页。

② 王继红、匡淑平：《新时代高校师德师风建设的现实挑战与优化策略》，《思想理论教育》2020年第5期。

③ 张维静、张春雷：《新时代高校师德师风建设：内涵特征·现实困境·实践路径》，《中学政治教学参考》2022年第8期。

心概念的理解。系统梳理师德师风建设的标志性概念，通过师德师风建设的理论研究与实践检验评析每一类概念界定中的闪光点与不足之处，再比照官方文件中对师德师风建设的具体要求，对新时代加强师德师风建设的科学内涵进行有力阐释。其次，加强师德师风建设能够深化对"师德师风建设"理论的把握。将诸如马克思主义人学理论、社会主义意识灌输理论、转化学习理论、系统论、中华优秀传统文化中的师德师风建设理论等各领域理论应用于师德师风建设方案的顶层设计，将不同领域理论的概念、维度、模型等作为制定师德师风建设路径方案时的理论依据，既有助于师德师风建设角度的拓展，又有利于各类理论跨学科运用的创新。最后，加强师德师风建设能够系统优化师德师风建设体系。事实上，从系统论的认识论与价值论视角观之，系统科学始终把研究对象作为一个整体来看待，认为世界上各种事物、过程不是孤立、杂乱无章的偶然堆积，而是一个合乎规律的、由各要素组成的有机整体。[①] 因而，师德师风建设的基本目标、政策落实与实践路径等是由不同的元素构成的系统。新时代加强师德师风建设能够较为全面、系统地改良师德师风建设体系，充分认识到建设系统虽有各自不同的表征方式，但又相互依存，并作为一个有组织的整体（大系统）而运作。[②] 从整体上统筹、谋划师德师风建设，能够较好地凝练师德建设过程中所需的各项元素，彰显了新时代师德师风建设研究的一体化理论取向，凸显师德师风建设研究的实践关怀，顺应了新时代师德师风建设的多元诉求。

---

① 张红专：《加强师德建设的系统思考》，《湖南社会科学》2008 年第 4 期。
② 〔以〕伊塔马·埃文-佐哈尔、张南峰：《多元系统论》，《中国翻译》2002 年第 4 期。

第三章　新时代加强师德师风建设的理论模型

本研究的主要研究问题涵括：新时代加强师德师风建设的时代价值是什么？师德师风建设的内涵是什么？师德师风建设的一般基础是什么？促进师德师风建设的实践机制包括什么？着眼于对以上几方面的思考，从认知厘清—内容构建—环境设计的逻辑出发，建构新时代加强师德师风建设的理论模型。具体说来，新时代加强师德师风建设的理论模型主要从阐释理论模型建设的现实基础、具体层级以及落实路向等三大部分入手。

第一节　新时代加强师德师风建设的三维理论模型

一　认知端：师德师风理论模型建设的认知基础

通过上文对师德师风建设内涵的建构和理解，我们逐步明确了师德师风建设的本体论价值及意义所在。但要真正建构一个契合新时代要求的、能够加强师德师风建设的、良序的理论模型仍然需要具备一定的现实基础。换言之，加强新时代师德师风建设，建立师德师风建设的理论模型的前提是明确师德师风建设的一般基础。为此，必然涉及"师德师风建设的基础是什么"的基本问题。在我们所理解的加强师德师风建设理论框架下，师德师风建设的基础主要涵括教师能力和教师文化两方面。

(一) 教师能力

教师能力是指教师在教育教学活动中表现出来的直接或间接影响教育教学活动的质量和完成情况的个性心理特征。[①] 教师能力作为当代教师从事教书育人活动所需要的能动力量和实际本领，是一般能力和特殊能力的合理整合和特殊发展的结果，是在实践中发展起来的、反映教师职业活动要求的能力体系[②]。在关于教师能力结构体系的研究中，不同学科甚至是不同国别的研究者各有侧重地提出了教师能力的结构类型。心理学学者李孝忠于 1993 年提出了一个多维度、多层次、开放性的能力结构模型，该模型认为教师的能力由一般能力和教育能力所组成。其中，教育能力包括思想品德教育能力、教学能力和组织管理能力，教师的一般能力包括观察力、记忆力、思维能力等。[③] 另外，教师教育研究者，如朱旭东教授提出，教师能力主要是指教师的专业能力，而教师的专业能力主要包括教师的学科能力和专业能力，专业能力是专业性的教会学生学习、育人、服务的能力。[④] 着眼于西方，美国教师能力研究的基本经验囊括"将教师为学科内容而准备和为社会公正而准备视为相互依赖的关系"与"教师能力应该立足于人性与科学"两条[⑤]，为国内界定教师能力提供了更为广阔的视角。事实上，与教师的能力结构类型无关，教师只要具备良好的能力结构便能够内化教师道德规范，提高教师道德知识学习的效率，同时有助于师德的行为示范，也有助于教师适应教育环境的变化，形成良好的道德品行。因此，教师具备一定的能力结构是新时代师德师风建设顺利推进的良好基础。教师能力具有多重结

---

① 卢正芝、洪松舟：《我国教师能力研究三十年历程之述评》，《教育发展研究》2007 年第 2 期。

② 卢正芝、洪松舟：《我国教师能力研究三十年历程之述评》，《教育发展研究》2007 年第 2 期。

③ 李孝忠：《能力结构研究》，《心理学探索》1999 年第 Z1 期。

④ 朱旭东：《论教师专业发展的理论模型建构》，《教育研究》2014 年第 6 期。

⑤ A. G. Carl，"Teacher Capacity：Introduction to the Section," in Cochran-Smith Marilyn etc.，*HandBook of Research on Teacher Education：Enduring Questions in Changing Contexts*（Routledge：Taylor & Francis，2010），pp. 127–133.

构，一般分为教育教学能力、学术研究能力、组织能力、表达能力等多个层面。

（二）教师文化

"我们正在进入一个虽然缺少严格界定，但已经可以在生活中感受到的全新社会——后现代社会，它正在催生或即将导致教师工作和文化的重大变革。"① 这是哈格里夫斯对后现代社会对教师文化可能带来影响的基本判断。事实也正是如此，不同的时代，教师文化的变化意味着革新。哈格里夫斯认为，考察教师文化可以从内容和形式两个方面来进行。教师文化在内容上包括特定范围内的教师集体共享的态度、价值、信念、习惯、假设，以及行为方式等，而教师文化的内容外显于教师的所思、所说和所行。教师文化的形式包括处于特定文化群体中的教师之间的人际关系模式和联系方式，其划分的标准主要是教师同事之间的人际关系状况。② 而有学者认为"'教师文化'系指教师的职业意识与自我意识，专业知识与技能，感受'教师味'的规范意识与价值观、思考、感悟和行动的方式，等等，即教师们所特有的范式性的职业文化"③。中国教师文化自然有中国传统文化的内涵，也有中国现代文化的基本要素。当然，教师文化在中国传统与现代文化内涵的基础上应具有专业性，具体包括教师职业意识、价值取向和职业行为规范。④ 综合而言，教师文化是指教师在特定时期展现出的具有专业性的价值观念和行动方式的总和。因为只有具备了特定的教师文化，教师沉浸在特定的教师文化氛围之中，才会感受到教师的专业道德和专业风气的存在，才会受到高尚师德师风的引领，从而改变自身的道德观念和道德行为。例如，只有在良好的教师文化熏陶下，教师们才能自觉对标新时代师德师

---

① A. Hargreaves, *Changing Teachers*, *Changing Times*: *Teachers' Work and Culture in the Postmodern Age* (London: Cassell, 1944).

② 邓涛、鲍传友：《教师文化的重新理解与建构——哈格里夫斯的教师文化观述评》，《外国教育研究》2005 年第 8 期。

③ 〔日〕佐藤学：《课程与教师》，钟启泉译，教育科学出版社，1999，第 253 页。

④ 赵炳辉：《教师文化与教师专业成长》，《教师教育研究》2006 年第 4 期。

风建设要求，努力朝着"四有"好老师目标迈进。如此一来，可以断言，教师文化是师德师风建设的基础。

二 内容端：师德师风理论模型建设的内容建构

学术研究通过模型建构来体现知识表征是一种有效的认识事物的路径，尤其是对社会科学而言。① 师德师风建设是一项兼具长期性和系统性的工程，可以通过构建一种具备通用价值的师德师风建设模型助推新时代师德师风建设成效深化。从清晰界定师德师风建设理论模型基础与环境出发，从历史与前瞻视角、理论与实践层面明确师德师风理论模型的具体内容。其中，师德建设主要蕴含着培育、治理与评价三方主体协同共进的运行机制，据此，按照培育、治理、评价三个维度的系统化发展路径建构新时代师德建设的三维模型；而师风建设作为师德建设的拓展，是基于师德建设模型而构建的，整体呈现出围绕师德徐徐展开的态势。

（一）师德建设的理论模型

1. 师德培育维度

师德主要是指教师个人道德品质与专业道德规范的有机统一。一方面，教师个人道德品质是指教师在长期的教育实践活动中形成的比较稳定的道德认知、道德情感、道德意志和道德行为的总和。另一方面，教师的专业道德规范是指教师从事教育活动时所必须遵守的行为准则和职业规范。为此，师德的培育可以朝着以上两个向度展开。但总体而言，双维度师德的培育最终目的都是促进教师的道德成长，让教师真正获得职业发展的价值源泉、内在动力与精神基础。②

与此同时，教师道德成长作为教师不断趋近良好道德养成的过程性实践，必然受制于个体自愿性、个人综合能力，与个体所置身其中的教

---

① 蒋斌等：《社会科学理论模型图典》，经济管理出版社，2012。
② 唐爱民：《道德成长：教师教育不能遗失的伦理维度》，《课程·教材·教法》2010年第2期。

育机构所做出的有效努力和积极保障息息相关。但不可否认的是，教师作为个体性的存在，有时无法转变教育机构既定的制度与规则，教师的道德成长也不例外，所以很多学者在此过程中极力推进道德化学校的建设。进一步言之，无论是个体道德成长还是外部道德规范的进步，根本上都取决于教育机构的制度环境。确如罗尔斯所言："社会的制度形式影响着社会成员，并在很大程度上决定着他们想要成为的那种个人，以及他们所是的那种个人。"①

事实上，教师的道德成长并不是一蹴而就的事情，也并不会像美国学者约翰·罗尔斯指出的那样可以依据专业表现水平将教师的道德发展分为五个阶段——初级新手阶段、优秀新手阶段、胜任阶段、能手阶段、专家阶段②那般线性、单一化。因此，教育机构在师德培育的过程中要依据教师道德成长的阶段性特征和发展规律分阶段加以推进。

综合而言，教育机构的师德培育可划分为任务型培育、规范型培育、自觉型培育三个阶段。在职前阶段，教育机构主要关注师德的引导和示范等内容，学生进行任务型的道德学习，经过模仿和知识性德育的学习等逐步明晰良好师德的基本标准。在职后初任教师阶段，师德培育重点关注师德养成的具体实践，通过具体的道德指引也即道德规范，促使教师不断塑造自我的人师形象。而当教师逐步成长、教师道德逐步完善时，教育机构要将规范型的培育方式逐步过渡到注重教师自觉型的培育方式，让教师更好地发挥自身的主动性，自觉、自愿、自主地践行道德，以此"在师德修养中凸显关注生命、关爱生命、追求幸福人生、追求职业之美的浓烈的生命情怀"③。

2. 师德治理维度

1992 年，联合国全球治理委员会成立，并对"治理"这一概念做

① 〔美〕约翰·罗尔斯：《政治自由主义》，万俊人译，译林出版社，2000，第 285 页。
② 〔美〕约翰·罗尔斯：《政治自由主义》，万俊人译，译林出版社，2000，第 285 页。
③ 唐凯麟、刘铁芳主编《教师成长与师德修养》，教育科学出版社，2007，第 11 页。

出了较为明晰的定义："治理是公共机构和私人机构管理其公共事务的诸多方式的总和。它是通过协调彼此冲突或各不相同的利益进而采取合作行动的连续过程。它既包括有权迫使人们服从的各种正式制度和规则，也包括人民和机构同意的或认为符合其利益的各种非正式制度安排。"①

英国学者格里·斯托克则从五个方面揭示了治理的意涵。② 其旨在说明，治理过程中的政府作为主体而负有的责任在于指导而非利用权威来控制社会公共事务。另外，以萨拉蒙为代表的现代政府"协同治理理论"超越了以往公共问题的解决只局限于政府的独白式话语，而将范围广泛、有丰富经验的社会主体加入其中进行协商、对话。③ 进一步而言，公共问题的治理是以政府部门为代表的、多主体协同参与的服务型工作，并且，这种参与并非独立运作，而是相互交织形成社会管理网络，参与者在其中具有平等而又尊重差异的复数性特征。当然，还应指出的是，政府协同治理的目的是在各种不同的制度关系中运用权力去引导、控制和规范公民的各种活动，最大限度地增进公共利益。④ 我国改革开放后政府对公共事务的治理轨迹，在一定程度上借鉴了这样的治理逻辑，逐渐实现了公共事务管理的各项目标。这种公共事务中的政府治理逻辑，对于教育领域中的师德建设同样具有适用性，如此，新时代师德建设自然需要政府的主导和参与。

在此意义上，师德建设的政府治理并非说政府是师德建设的具体"划桨者"，政府应是师德建设的"掌舵者"。政府承担的责任是在组织领导、政策规范、法律救济等方面为师德建设提供方向性指引，保障和

---

① "The Commission on Global Governance," *Our Global Neighborhood*：*Report of the Commission on Global Governance*（Oxford：Oxford University Press，1995），p. 2.

② 〔英〕格里·斯托克、华夏风：《作为理论的治理：五个论点》，《国际社会科学杂志》（中文版）2019 年第 3 期。

③ 郑巧、肖文涛：《协同治理：服务型政府的治道逻辑》，《中国行政管理》2008 年第 7 期。

④ 俞可平：《治理与善治》，社会科学文献出版社，2000，第 5 页。

激励师德建设的有序进行。与此同时，还应明晰的是，因为人的发展的阶段性特征并不一致，所以并不存在整齐划一的、理想化的师德建设模式，实际上师德存在不同的层次，教师的师德层次不同，其师德表现必然不同。[①] 相应地，政府参与和主导的师德建设的治理也并不是一蹴而就的，其主要经历"政府控制型模式—管理型模式—善治型模式"由初级到高级阶段的发展过程。

事实上，"治理"（Governance）一词在拉丁语和古希腊语中的本义即指"控制、统治和支配"，因此治理在原初意义上有着统治的含义，为此，在师德建设治理的最初阶段实施"控制性"的手段规制教师的相关行为亦是必不可少的环节。而随着"Governance"被赋予了新的含义，治理过程的基础不再是控制，而是转变为"协调共治"的管理，这种管理是一种公共管理活动和公共管理过程，它包括必要的公共权威、管理规则、治理机制和治理方式，[②] 主张政府机构与非政府机构对社会公共事务的协调共治。

为此，师德建设治理模式的第二阶段也自然转向管理型模式，逐步实现多主体共治。但这种治理模式并不是万能的，它存在着因为多主体协调不一而导致治理失效的可能，而为了尽可能消除这种失效性弊端，则需要治理模式不断向着公共利益最大化的善治过程迈进。所谓善治，实际上就是国家权力向社会的回归，善治过程就是一个"还政于民"的过程，不是政府与社会的友好合作，它有赖于公民自愿的合作和对权威的自觉认同，要求公民积极参与。[③] 在此过程中的师德建设治理模式也需相应地转变为善治模式，谋求师德建设中教师参与的权利，加速第三部门的发展，并使其与政府一道为师德建设助力。如此，才能有效保证师德建设的权威和秩序，最终促使作为公民的教

---

① 王毓珣：《师德分层：师德建设中一个值得重视的问题》，《中国教育学刊》2004 年第 12 期。

② 俞可平：《全球治理引论》，《马克思主义与现实》2002 年第 1 期。

③ 周晓丽、马晓东：《公民参与：公共政策合法性的路径选择》，《理论探讨》2005 年第 4 期。

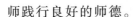
师践行良好的师德。

3. 师德评价维度

美国学者布卢姆认为评价作为一种"反馈—矫正系统",应用于（教育）教学过程中的每一个步骤，以判断该过程是否有效；如果无效，则必须及时采取某些变革措施，以确保过程的有效性。[①] 而教育评价的有效性正是评价的意义价值和关键功能所在。

一般意义上而言，评价的有效性与评价指标的"度"有关，而要掌握好评价指标的适度性，就要首先考虑影响评价指标适度性的各项因素。一般来说，评价指标的合适与否与评价的具体指向有关，也即与评价的内容息息相关。所以，不是评价决定了评价内容的好坏，而是评价内容与评价指标的契合程度决定了评价的有效性。评价标准要与评价的内容相契合，不能过高，也不能过低，而需处在合理范围之内。新时代师德建设过程中对于师德的评价必不可少，师德评价主要由社会承担，通过专业评价、舆论影响与内外辐射等措施不断监督、指导、指引教师行为。但更为关键的还在于，应当如何有效评价师德行为。随着新时代师德建设效果愈发显著，关于师德的评价也应按照师德建设的内容和水平不断改进。

相应地，目前我国的教师评价主要衍生出以下三种评价模式。其一，奖惩型评价，其主要特征是突出评价结果和奖惩作用并通过奖惩来最大限度地实现组织目标，[②] 其重点在于发挥评价的督导和鉴别优劣的作用。其二，绩效型评价，即对教师的工作行为，也就是教师在工作中的表现进行评价。而评价的方式通常由领导、同事和学生等通过课堂观察做出主观性评定。[③] 其三，发展型评价，这是以促进教师专业发展为目的的一类评价模式，通过评价激发教师的发展需求，帮助教师制定发展目标，并为教师发展创造条件，从而促进教师发展，进而实现学校的

---

① 〔美〕布卢姆等编《教育评价》，邱渊等译，华东师范大学出版社，1987，第5页。

② 何涛、潘志勇：《发展性教师评价研究》，《教育与职业》2008年第9期。

③ 张俊友：《客观对待教师绩效评价和发展性教师评价》，《教育学报》2007年第1期。

发展目标。①

这里仍需说明的是，三种类型的教师评价模式在师德建设过程中都有其价值和意义，适合在师德发展的不同阶段加以针对性地应用，有时更是需要几种方式的组合式应用，才能取得师德评价的正向性效果。例如，奖惩型评价是师德评价的初级阶段，这一阶段师德评价的目的是发现教师个体及整个行业在道德建设中存在的问题，并以此为评判标准将之与教师相关利益挂钩。为此，有研究主张师德评价机制应融入教师利益分配的"硬指标"，使之与教师的工资收入、职务聘任、职称晋升和评奖评优等利益机制挂钩。②

一般来说，在师德评价的初期阶段，实现软指标的硬化，是师德评价应遵守的基本准则，这能够有效预防人性之恶对良序师德建设的伤害。但是随着师德建设水平的提高，师德评价也应逐渐从奖惩型的初级阶段转向绩效型评价和发展型评价等中高级阶段，以评价效能的发挥促进新时代教师道德逐渐走向崇高和卓越的发展道路。师德建设三维模型的创设维度如图 3-1 所示。

（二）师风建设模型

师风建设模型是在师德建设模型的基础上构建的。

本研究选取德国几何学家海因茨·霍普夫所绘制的纤维丛（Fibration）图谱作为师风建设模型的映照。一方面，该图形呈现"场域"的氛围形态，将师风作为一种弥散性的风尚氛围与精神面貌表现出来；另一方面，图 3-2 以不同颜色代表了不同大小的若干场域，这代表了师风会跟随师德状况衍生出大小不同的影响。场域从中心发散出来，中心的聚合点正是师德。倘若师德建设处在初级阶段，则师风建设的场域辐射范围必然小；若师德建设处在高级阶段，则师风建设的场域辐射范围也随之扩大。

---

① 杨建云、王卓：《论教师发展性评价与奖惩性评价的关系》，《中国教育学刊》2003 年第 1 期。

② 陈潮光：《构建高校师德建设长效机制的理论与实践》，《高教探索》2007 年第 2 期。

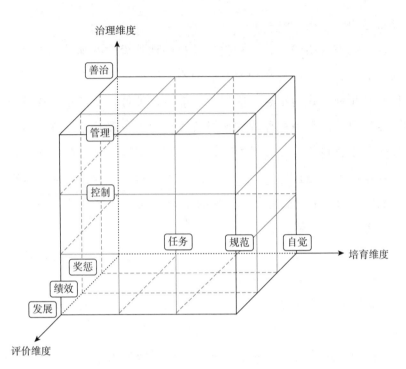

图3-1　新时代师德培育—治理—评价（CGE）师德建设三维模型

资料来源：孟繁华、袁梅《新时代培育—治理—评价（CGE）师德建设三维模型》，《教育学报》2021年第5期。

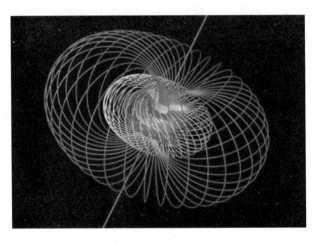

图3-2　新时代师风建设模型图

资料来源：Jos Leys，Étienne Ghys，Aurélien Alvarez "Dimensions：A Walk Through Mathematics，" http：//www.dimensions-math.org/Dim_CH7_ZH_si.htm。

三　环境端：师德师风理论模型建设的外部环境

师德师风建设和发展的阶段和水平在一定意义上都是由社会结构和环境决定的，当然这种判断也符合马克思历史唯物主义的基本原理。然而，师德师风建设的环境既有其共性，也有其个性。共性是指，师德师风建设都处在国家和社会的制度环境之中，而个性是指教师所处的"切身相关"的关系网络，包括教师与教师的关系、教师与学生的关系、教师与家长的关系、教师与学校的关系。也即说，师德师风建设是针对教师在学校文化、学习共同体的环境中进行的。在此意义上，各级各类学校主要是在学校文化与学习共同体的环境中实现师德师风建设的。

（一）宏观环境：教育制度

教育制度是一个国家实施教育的各级各类机构体系及其组织运行的规则，它包括两个基本方面。一是各级各类教育机构与组织；二是教育机构与组织赖以存在和运行的规则，如各种相关的教育法律法规、条例等。[1] 此为师德师风建设重要的制度环境。师德师风建设需要一定的、适宜的环境才能逐步实现。教师在不同的国家因历史传统、政治制度等不同而体现出身份、地位的差异，可以分为公务员、教育公务员、政府雇员、学校雇员等不同身份类型，但无论哪种身份，都与国家、政府紧密联系在一起。[2] 对于我国的中小学教师而言，虽然没有明确的身份定位，但在教育制度的规约下，《中华人民共和国教师法》规定教师是从事教育教学的专业人员，其他教育制度的规定，凸显了师德师风建设的政治性要求。如做"四有"好老师的国家期盼、要求教师维护中国特色社会主义制度、传承中华优秀传统文化、积极承担和履行社会道德责任等。

因此，可以说，人民教师应是最被广泛认可的教师身份。在此意

---

①　王道俊、郭文安主编《教育学》，人民教育出版社，2016，第103页。

②　朱旭东：《论教师专业发展的理论模型建构》，《教育研究》2014年第6期。

义上，"人民教师为人民" 就规定与形成了师德师风建设的制度环境。例如，对有关政策文本进行分析发现，有关师德师风建设的政策文本同时凸显了师德内涵的政治规范性和教师专业性。而从政策文本对师德内容的要求也可以看出，中国师德凸显政治性，强调教师对国家政治制度维护的特征。[①] 所以师德师风理论模型的建设必然需要考量教育制度环境所创设的对教师的政治性和专业性的要求，明确师德师风建设的未来指向。

（二）中观环境：学校文化空间

教师总是生活于真实的、具体的当下，但当下并不是凭空生发的，而更多是过往经历的一种结果。[②] 一如阿尔弗雷德·许茨认为的那样，人及其当下生活时刻受到过往经历所积成的"生平情境"的影响，即人在其日常生活中的任何一个时刻，都会发现自己处在一种被从生平角度决定的情境之中。[③] 在一定程度上而言，由于教师大多数的工作经历是在学校中产生的，所以学校文化空间在一定程度上甚至决定了师德师风建设的文化路径。而这也恰如教育人类学者所声称的那样，人是文化塑造的，而人类学的工具原则又意味着可以借用人所创造的文化作为考察人的工具。正如博尔诺夫所认为的那样，人一旦创造了文化，这种文化就脱离主体，即脱离了人而独立出去，成为一种客观的存在，并被世世代代传递下去。人从自己的需要出发创造了文化，因此我们可以把这种客观化了的文化作为媒介来了解人的需要，并进而了解人的本质。[④] 所以说，师德师风建设所处的学校文化环境因较为复杂且有层次性，无疑会对师德师风的具体建设产生较为复杂的影响。在此意义上，学校文化空间是师德师风建设的重要的文化环境，在一定程度上影响着学校师德师风的有序建设，在建立师德师风理论

---

① 靳伟、李肖艳、刘乔卉等：《论师德学习的内涵建构》，《教师教育研究》2021年第1期。
② 傅淳华、杜时忠：《论教师道德学习的影响因素》，《中国教育学刊》2018年第4期。
③ 〔奥〕阿尔弗雷德·许茨：《社会实在问题》，霍桂桓译，华夏出版社，2001，第35页。
④ 〔德〕O. F. 博尔诺夫：《教育人类学》，李其龙等译，华东师范大学出版社，2001，第22~23页。

模型的过程中需要作为重要的影响因素加以考量。

（三）微观环境：学习共同体

所谓学习共同体是为完成真实的任务或问题，学习者与其他人相互依赖、探究、交流和协作的一种学习方式。[①] 毫无疑问，师德师风建设也必须在教师所存在的学习共同体中缓缓展开。换言之，教师是在学习共同体之中成长的，教师无法离开学习共同体而获得专业道德的学习、发展。诚然，师德师风建设所面临的学习共同体环境也是在多个维度上建构的。一方面，是教师与学生之间形成的"师—生"学习共同体，因为教师专业发展的首要职责或教师专业化的基本前提就是要教会学生学习，而教师的专业发展也必然是与学生息息相关的，这自然包括教师的道德发展。因而，在师德师风建设的过程中要注意与学生的需求相结合，在注重满足学生要求和需要的基础上择取师德师风建设的重点内容。另一方面，是教师之间以及教师与专业领导之间形成的"师—师"学习共同体。中国教师教育在不断发展的过程中实际上形成了几种具有特色而又比较稳固的专业学习共同体，包括教研组、备课组、年级组与党组织等，在师德师风建设过程中理应考虑到这些学习共同体对某一个体抑或群体教师师德师风建设的影响，从而提出有针对性的策略和落实机制。例如，在同一学校文化环境中，数学组教师和语文组教师在师德师风建设的策略和措施上采用的具体手段和方法便各有不同。因此，依据情境学习理论和教师变量，需要及时调整师德师风建设的理论模型，以适应师德师风建设的环境变化。

第二节　新时代加强师德师风建设理论模型的建设与分析

一　新时代加强师德建设模型分析

为了分析新时代师德培育—治理—评价（CGE）师德建设三维模

---

① 钟志贤：《知识建构、学习共同体与互动概念的理解》，《电化教育研究》2005 年第 11 期。

型对良好师德养成的具体影响，可将这些层次性、阶段性的影响化约为可以分析处理的若干指标，这可以借助"归纳"和"演绎"的方法实现。综上而言，新时代师德建设的联动模型可以分为三个维度，即培育、治理和评价；而每个维度又可以单独分成从初级到高级的三个阶段。从治理维度来看，其从控制型到管理型再到善治型三个层级依次递升发展；从培育维度来看，其从任务型到规范型再到自觉型三个阶段逐步演化；从评价维度来看，其从奖惩型到绩效型再到发展型三个阶段不断升级。三个维度的每一阶段的互相联动便形成了师德建设模型从初级到高级的三种联动方式，即"任务—管控—奖惩型""规范—管理—绩效型""自觉—善治—发展型"。本研究对师德建设模型发展的演进阶段描述如下。

（一）师德建设的初级阶段：任务—管控—奖惩型模式

这一阶段，无论是职前还是新入职的教师对于"教师"这一职业处于整体上的"懵懂状态"，而此种类型状态下的师德建设总体上呈现一种"任务—管控—奖惩型"模式。政府部门在针对师德建设制定相关政策时出于对理性化和效率化的双重追求，力求在制定与具体执行相关政策的过程中有明确的任务导向，力图首先将关于师德的政策文本表述清晰。精心设计的政策包含资源、奖励、监督各要素，以此形成对实践的保障。[①] 政策的设计体现为政府对整体教师队伍道德建设的需求，同时教师道德的进步和完善可以做到有迹可循。教育机构在政府强有力的监管下确保教师道德任务的有序落实，同时，明确任务完成过程中的问题和缺陷，开展奖惩型师德评价，进而发挥评价作为"指挥棒"的作用，推动师德失范行为的改正。为此，师德治理既要彻底转变长期以来"雷声大、雨点小"的默许态度，也要超越"重拳出击"的短期效应，应根据师德失范行为的错误性质进行行为

---

① 〔美〕大卫·K. 科恩、〔美〕苏珊·L. 莫菲特、〔美〕西蒙娜·戈尔丁：《政策和实践的困境》（上），《华东师范大学学报》（教育科学版）2010 年第 3 期，第 1~12 页。

定性，区别对待，将维护良知作为师德失范行为处理的价值追求，遵循程序正义。[①] 因此，这一时期的师德建设呈现了一种"任务输入"的特点，即政府制定决策、发布任务，在社会整体监管之下，不断对教师进行激励或惩戒的评价，发现师德建设过程中存在的问题，以解决师德建设的失范问题为基本任务，使师德建设逐渐步入规范化的轨道。可以说，这一时期的师德建设模式有助于处于"懵懂状态"中的教师能够较为快速、高效率地适应与完成师德建设中所规定的任务。

（二）师德建设的中级阶段：规范—管理—绩效型模式

这一阶段，教师通过政府制定的政策和社会制定的标准约束自身的道德行为，并将规范逐渐内化为自身的道德实践。产生这一模式的主要原因在于市场经济的勃兴和市场经济的思维逐步渗入教育领域。这一时期，教师行业的竞争性生活是使师德建设处于规范—管理—绩效型模式的主要影响因素。换言之，师德建设之所以以"规范型目的"为导向，注重强调道德规范和道德纪律，其原因就在于随着教师工作的深入，教师追求功利化现实的意愿凸显，教师在教育行业进行功利性逐利的行为引发所有教师在教育领域内的竞争。例如，职称评定、优秀教师评比、教师劳动楷模评比等。所以，"有德性的教师"的背后往往隐含着另一面向，即这是一个"好教师"，他（她）遵从社会规范，荣誉等身。而教师为了获得政府和社会所认可的行业规范所限定的荣誉，在工作"绩"与"效"上表现突出，就必须选择遵从规则制度所限定的条件，无论这种遵从是出于个人自愿还是在被迫的情况下而做出的选择。

（三）师德建设的高级阶段：自觉—善治—发展型模式

这一时期，为了帮助教师达到自我实现、自我成就的发展状态，师德建设也要随着教师整体的变化而做到与时俱进。发展状态是一种在时间上指向未来，并与教师就"未来能够达到的目标"进行沟通以此激

---

① 程红艳、陈银河：《超越纵容默许与重拳出击：师德失范行为治理的对策研究》，《中国教育学刊》2019年第2期。

励教师不断进步，以期在教师脑海中形成一种自觉发展型的认知活动。自觉—善治—发展型模式是政府、社会、教育机构与教师在不断地互助、互商、互动的过程中激励教师不断完善自我德性的一种模式，在这一过程中，教师能够自愿将外部道德规范内化为自身的道德意识和道德行为。这一阶段，政府旨在通过领导力即善治的方式，为师德建设铸就充满吸引力的未来梦想。正如沃伦·本尼斯和伯特·纳努斯认为的那样，"如果给领导力下个定义，那应该会是：'创造一个有说服力的、可信的愿景，并将此愿景转化为组织实现的能力'"[①]。而教育机构（学校）通过自主自觉式的师德培育，成立教师自律认定组织，创建同行认定组织，促使教师共同体充满动力，助推师德建设。社会坚持发展型评价目标，促使师德建设的共同体成员，包括政府官员、专家学者、教师团体、普通民众等主体围绕着师德建设的理想进行批评与展望，并经过一系列的正式会议和非正式谈话、协商等方式确定最终的行动计划，明确行动方向，并拟定共同方案。[②] 最终，在多维主体的沟通、协商、合作的过程中，共同保证教师能过一种"有德的生活"，以此实现师德建设高级阶段的理想。三个向度的协同推进过程如图 3-1 所示。

　　显然，师德建设的模型给我们提供了一种有效开展师德建设的方法和路径，即持守师德建设的阶段性、顺序性、分步性特征，激励三个维度融合构成的三个阶段不断发展，最终形成从被动到主动、从外部到内部、从冲突到合作、从一元到多元的新时代师德建设模式。但是，仍然需要说明的是，对于师德建设三个维度以及三个阶段如何更加有效紧密地实现有机联动，还需要进一步探讨。同时，师德建设模型是一种动态化的理想形态的模型，需要依据整体环境的变化不断调整，以适应社会、时代、个人的变化需求。

---

① 〔美〕沃伦·本尼斯等：《重塑领导力》，中国人民大学出版社，2008。

② D. Hatzilacou, G. Kallis, et al., "Scenario Workshops: A Useful Method for Participatory Water Resources Planning," *Water Re-sources Research* 43 (2007).

二 新时代加强师风建设模型分析

师风建设是随着师德建设的发展而不断发展的。换言之，这代表了师风会随着师德状况产生大小不同、范围各异的影响。这一发展规律在前文师德建设与师风建设的关系论析中就已表明。具体而言，师风的建设也会随着师德建设不断从低级阶段演进到高级阶段，从而带动教师文化和教师群体风貌的革新。

（一）师风建设的初级阶段：树立和遵守道德规范

师风建设的初级阶段采用的是一种任务导向型的师风建设模式。此种培育模式乃是一种被动型驱动的状态，权力主体根据评价标准或相关政策制定任务，并通过强力制约与惩罚、管束与压制等措施向教师队伍推行，教师则需要循规蹈矩、四平八稳地按规约践行相应的道德规范。倘若按约践行则会"安然无恙"，甚至受到奖励，而出现违反道德规范的行为则必然会受到惩罚，如出现师德师风问题则采取"一票否决"制等。因此，师风建设的初级阶段体现的是管理者与教师主体之间的一种权威性的治理关系。这一阶段教师作为"守法者"的形象存在。教师就像其他各行各业的从业者一样，在所处的行业里谋生，教师作为职业也只是谋生的一种途径，不违法违纪，不做有违道德规范的事情，完成自身的教育教学工作即可。

教师道德规范与广大教师犹如两条分立道路两边、相互映衬的标线。一方面，教师既要依循道德规范的"线条"前行；另一方面，又要注意不能越过这条道德规范的底线，否则就容易导致师德失范行为发生。实际上，道德规范中所规定的道德行为可能并未真正进入教师的"视野"之中，如《中小学教师职业道德规范》规定教师应"爱岗敬业，依法执教，热爱学生，尊重家长，严谨治学，团结协作，廉洁从教，为人师表"，实际上这些规定并未真正成为教师心目中的"标准"，而只是不能违背的"道德规则"。道德规范与教师的关系就好比一个人循规蹈矩不干违法的事情，但也基本不懂得法律要求的相关规定，所以，法律看起来似乎与其无关。教师道德规范、规则与教师虽然在同一时空场域里，本来应相互融合，教师应将教师道德规范和规则内化于心，但实际情况仍然是两者处于分裂状态。因而，恰如我国学者陈桂生所言，如果这些道德规则已经是多数教师心目中的师德师风标准及中小学教师的道德风貌，所谓师德师风问题也就不成问题了。而其根本问题在于此种规范属于教师伦理范畴，是在教师中提倡的道德规范，并不都是判断"善"与"恶"、具备师德与否的标准，其根本原因在于它尚未"化师成俗"。至于它以后能否转化为教师中的风尚，现在还难以断定。① 由此可见，师风建设的初级阶段所形成的辐射范围自然有限，因为只有当这些道德规范真正成为教师心中认可的标准时，一种教师人人遵从道德规范的新风尚才能得以实现。为此，初级阶段的师风建设应为教师将道德规范内化于心提供可以依赖的方法、路径。

（二）师风建设的中级阶段：开启教师道德学习新风尚

如前所述，新时代师德建设模型的中级阶段呈现的是一种规范—管理—绩效型模式。此一阶段，教师自身为了实现绩效目标，在政府有关部门的管理下主动地适应相应的道德规范，有关部门则严格落实师德师风建设制度，以师德师风建设年度评议、师德师风状况调研、师德师风重大问题报告和师德师风舆情快速反应制度等为载体，有效防治师德师风失范行为。在此过程中，教师自身为了绩效目标的实现自然要主动调整自身行为以适应和满足有关道德规范的诸多要求。而教师为了达到这一目标，则需要进行不断的道德学习。在此影响下，中级阶段的师风建设主要在于推动和引领教师群体逐步形成道德学习的风尚。

教师的道德学习生发于"师—生"交往、"师—师"交往等现实人际交流活动中，展现了教师个人生活的各个方面，而这亦要求教师在教

---

① 陈桂生：《"师德"研究》，《教育研究与实验》2001 年第 3 期。

学、育人、科研、管理等不同教育情境中开展丰富的实践活动，以深化个人属性鲜明的教师道德学习历程。由此可以发现，教师队伍道德学习与教师队伍师德师风建设是相辅相成、相互促进的关系，毫不夸张地说，没有对教师道德学习节奏与规律的全面、深入把控，我们就无法有序推进师德师风建设的理论探究与实践。在师风建设的中级阶段，开启、形塑并维持新时代教师队伍道德学习新风尚，推进教师自觉、自主、自动开展道德学习，实现逻辑与直觉、理智与情感、概念与经验、观念与意义等①全方面、多层次的协调统一。

而如前所述，为推动形成教师个性化的道德学习风尚，进而助力在全社会范围内形成教师队伍道德学习时代新风尚，需从以下三个方面抓紧建设。其一，从政策制度着手，升华道德认知。在新时代加强师风建设的中级阶段，需贴合师德建设中级阶段中的"规范型"特质。道德认知是道德学习的出发点和落脚点，需从顶层设计入手，充分发挥国家政策、学校制度的约束与规制作用，从根本上改善教师道德学习的政策环境，从制度层面给教师"减负"，更正教师对道德学习的错误认知。其二，从教育场域着手，树立道德模范。学校可以借助"管理"的效能，通过评选师德师风先进集体、师德师风先进个人、"三全育人"模范、教书育人楷模等方式，从学校场域着手，发挥教师身边的榜样的作用，并且让教师自己意识到自身道德学习实践之于学校整体教师队伍道德学习进程的意义，②增强教师自主开展道德学习的动力。其三，从利益分配着手，进行道德激励。在师风建设的中级阶段仍需运用"绩效""经济""职称"等利益层面的辅助手段，为教师道德学习新风尚的深化提供相应经济支撑。

（三）师风建设的高级阶段：教师形成道德自觉、师道有序传承

师风建设的高级阶段的第一个特征就是，教师将自觉追求崇高的道

---

① 杨丽丽、王毅：《基于现象学还原方法的教师道德学习问题研究》，《呼伦贝尔学院学报》2022年第2期。

② 傅淳华、杜时忠：《教师道德学习的组织困境及其超越——学校组织道德学习的视角》，《教育科学》2020年第4期。

德素养，力图成为德性完满之人，且成为真正的自愿服务于他人的引导者，引导学生积极向善。在师风建设的高级阶段，教师宛若柏拉图在《理想国》中描述的洞穴隐喻中的那个追逐光亮的人。洞穴隐喻常常为我们对教师进行思考提供许多启示。① 事实上，历史中关于教师的诸多思考都可以借助这个隐喻来呈现，因为它表达了作为教师的苏格拉底的追求。那个第一个爬出洞穴，见到光明（真理）而又重新返回洞穴，竭力拯救他人的引导者是广大教师的道德模范。这也恰如习近平总书记所强调的，教师都要争做新时代为党育人、为国育才的"大先生"。经此高级阶段的师风建设，可以逐步引导教师全体趋近习近平总书记所论述的"坚持教书和育人相统一，坚持言传和身教相统一，坚持潜心问道和关注社会相统一，坚持学术自由和学术规范相统一"，引领广大教师以德立身、以德立学、以德施教，② 真正将"四个统一"精神内化于心、外化于行。③

事实上，师德师风建设的最终难点就在于如何使广大（最理想的是全部）教师作为道德主体能够自觉自主地追求成为有道德的人。所谓的道德自觉是指，教师在专业发展的过程中能够自主地调动自身的能动性和积极性，遵循道德准则，加强道德建设、增强道德自律、优化道德品质，④ 这也是师风建设的高级阶段的主要建设目标。

高级阶段师风建设的第二个特征是"良好师生互动关系"的形成。良好的师风需要继续获得传承，而其最好的方式就是借助"教育"。诚如雅斯贝尔斯所言："所谓教育，不过是人对人的主体间灵肉交流活动（尤其是老一代对年轻一代），包括知识内容的传授、生命内涵的领悟、意志行为的规范，并通过文化传递功能，将文化遗产教给年轻一代，使

---

① 曹永国：《自我的回归 大学教师自我认同的逻辑》，福建教育出版社，2019，第191页。
② 《习近平在全国高校思想政治工作会议上强调：把思想政治工作贯穿教育教学全过程 开创我国高等教育事业发展新局面》，《实践》（思想理论版）2017年第2期。
③ 杨胜才：《高校师德师风建设应着眼于"四个统一"》，《学校党建与思想教育》2018年第2期。
④ 李力、金昕：《新时代高校立德树人的内涵、难点及实现路径》，《东北师大学报》（哲学社会科学版）2019年第2期。

他们自由地生成，并启迪其自由天性。"① 在教育的过程中，教师良好的道德品性也将获得相应传承。当然，教师良好的道德品性传承的前提和中介则是良好的师生互动关系。师生互动，指的是师生双方间的一切交互作用和影响，它是师、生各自人际互动系统中的一种特殊和主要的形式。② 当然，有效的师生互动对师生双方都有一定的要求。对于教师而言，有效师生互动的实现也给教师提出了更高的要求，包括思想观念、学科功力和教育历练等方面。③ 在良好的师生互动关系中，教师将最好的道德品性传递给受教育者，而学习者则能够借助丰富的情感，准确意识和感知到教师的良好道德品性等并加以习得、传承。由此，师风建设则形成了一个有序传承优良师风的良性循环系统。

第三节　新时代加强师德师风建设理论模型的落实路向

新时代师德师风建设模型依其各阶段目标运行，无疑有利于促进师德师风整体建设的高效发展和教师个体道德的快速进步。但问题亦在于，如何确保新时代师德师风建设模型各部分之间的有机联动，从而推动师德师风建设的有机落实，以此形成优良的师德师风建设、发展模式。进一步而言，新时代师德师风建设模型的合理化实现不仅需要外在支撑力量的支持，也需要合理的制度规范，更需要作为教师的个体自愿加快道德成长的内生动力。唯有如此，才能推动师德师风建设模型的有机落实。由此看来，有必要对师德师风建设模型的运行、保障机制进行进一步探索。当然，在此需要说明的是，虽然前文已对师德建设理论模型与师风建设理论模型的详细架构与具体分析进行了分列式呈现，但师德师风本就是一个统一体，在具体推进师德师风建设理论模型落实的过程中又可以合归一处，以便于探讨师德师风建设

---

① 〔德〕雅斯贝尔斯：《什么是教育》，邹进译，生活·读书·新知三联书店，1991，第 3 页。
② 叶子、庞丽娟：《师生互动的本质与特征》，《教育研究》2001 年第 4 期。
③ 王建峰：《师生互动理论及其现实有效性问题研究》，《河南社会科学》2012 年第 6 期。

模型落实机制的问题。

所谓机制，原意为有机体的构造、功能及相互关系，在社会学视野下，其被引申为做工系统中促使各个部分和谐相处，更好发挥自身作用，进而实现优良共生的具体方式。① 而将机制这一概念引入师德师风建设模型的落实中来，则意味着需要探讨——"为了师德师风建设模型有序落实，在新时代加强师德师风建设必然需要哪些条件"这一问题。从整个过程来看，师德师风建设模型发挥了作用，一方面，受到师德师风理论模型体系设计本身的科学性和合理性问题的影响；另一方面，则需要考虑师德师风建设模型所面对的对象，广大教师应积极主动实践并适应该模型。为此，为实现师德师风建设模型的有序落实，亟须激发教师队伍师德师风建设的内源性动力，加强外源性环境的塑造，② 实现内外协同；须从唤醒教师专业道德学习意识、不断完善师德师风理论模型与加强师德师风的社会环境建设三方面入手，联动发力。

一 认知上：持续呼唤教师道德学习意识

不可否认的是，推动教师不断进行自觉的专业道德学习，是师德师风建设模型有序落实的基本前提。虽然依循"师德师风建设理论模型"在理论上逐步取得进展，但在依循"师德师风建设理论模型"推进师德师风建设的实践过程中必须关注到"人"的存在，即关注到每一个作为有机主体的教师的生命存在。因为理论模型更偏重以外部他律为主导的制度规范建立师德师风的落实机制，而指向内在发展的人文关怀不足。但是，大、中、小学教师才是师德师风建设与良好师德师风生成的本体和根本性主导力量。为此，唯有不断激发教师的内生动力，才能不断推动师德师风建设。

---

① 邓雅珺、袁梅：《铸牢中华民族共同体意识教育的"联享"平台构建》，《教育学术月刊》2021 年第 10 期。

② 席梅红、万小羽：《新时代加强中小学师德师风建设的挑战与路径》，《广东第二师范学院学报》2022 年第 1 期。

教会学生学习、育人和服务①是教师专业发展的三个维度。育人的维度主要指向培养德智体美劳全面发展的"完满"的人，从而促使其能够成为社会主义事业的建设者和接班人。诚然，"育德"是教师育人的首要职责和教师专业发展必不可少的内涵。但在此之中，有一个基本前提，即教师必须先学做有德之人，才能"育学生以德"。对于教师这类专门化、专业化人员，必须具备相应的专业道德。教师专业道德，是教师在从事教育教学这一专业工作时所须遵循的，能体现教师专业特性、教师道德价值以及教师人格品质的道德规范和行为准则。它是教师这个专业共同体的道德标志，囊括专业责任、专业精神、专业良心三个基本要素，并贯穿于教师专业活动的全过程、各环节。②而教师同样需要通过学习而逐步获得专业道德的进步与发展。也就是说，教师学做有德之师最根本的是要不断地进行专业道德学习。正如杰伊·布兰登贝尔格所提出的，从广义上而言，道德成长就是一个学习的过程。体现在个体层面，道德成长指向在变动不居的世界中主动地学习成为有道德的人。简言之，教师专业道德学习是指教师主动地学习成为有道德的教师的过程。如此，唯有教师主动地进行专业道德学习，师德师风建设模型才能最大限度地发挥作用。

首先，主动自觉地进行专业道德学习本身就是人的自然本能。从遗传学的角度来看，人本身就天然性地包含着人之为人的道德能力。或者说，"人的存在本身就具有道德本能，其构成了人展开属己道德学习进程的基础性前提"③。当然，这一本能性也并非人类所独有，一般的动物都可以表现出一定的道德学习机制。但是，由于其他动物并不具备人类的智能，其所谓道德有别于人之意义上的道德本能。当然，人之道德在具体的外在表现上也并非别无二致，在个体主动性、外在环境等因素的影响下也具有不同的表现。换言之，教师进行专业道德学习，要具备

---

①　朱旭东：《论教师专业发展的理论模型建构》，《教育研究》2014年第6期。

②　张凌洋、易连云：《专业化视域下的教师专业道德建设》，《教育研究》2014年第4期。

③　傅淳华：《学校制度与教师道德学习》，科学出版社，2019，第98页。

本能善端的基础，还须在具体实践中进行道德学习。

其次，主动自觉地进行专业道德学习自古以来就是我国教师优良的师道传统。诚如孔子所言，"吾道一以贯之"，即教师作为"传道者"必须自己先明道、习道，逐步完善自身的道德。再如，《论语·子路》中曾有言，"其身正，不令而行，其身不正，虽令不从"，"不能正其身，如正人何"，均强调了教师培育正风、以身作则、率先垂范的重要性。由此可见，中国自古以来就有"为师"则学的传统，教师应在关注自身道德学习的基础上，"提高自身的学习能力，由阶段性学习向终身学习转变"①。为此，新时代师德师风建设模型要能够为教师的专业道德学习提供有效的保障机制。

当然，教师专业道德学习无论是出自人之自然的善端，还是基于我国历来教师的优良传统，在最根本的意义上而言仍然需要教师自身付出自觉努力。教师拥有独立的学习能力，能够经过主动的学习、体验、反思、对话、行动等习得某种能力。但是，教师的专业道德学习不是"空穴来风""无凭无据"地展开的，而必须依赖一定的、切实可行的现实路径。第一，教师需竭尽所能地开展对话。对话是一种人与人之间的交往过程，分为"人与他人"对话和"人与自我"对话两种类型。并且，这种对话既可以是现实生活实践中实际存在的，又可以是精神脑海中想象生成的，如与文本中的伟大人物展开对话或者与文本原作者展开对话。与此同时，教师作为成人实际上和孩子是一样的，其意识永远处于连续的、永久的对话之中。因此，教师进行专业道德学习的最好的方式就是在对话中聆听和分享关于"谁人执杏坛"、何谓"好"教师等叙事内容，以这些叙事中的主人公为榜样，丰盈自我，而使自身也向着"好"教师的方向迈进。第二，教师需不断进行自主反思。教师进行自主的专业道德学习必然有所需求，一般而言，可能是在具体生活经历中陷入了诸如"道德两难"等困境中。为此，教师进行专业道德学习的过程也是一个不

---

① 刘柏清：《高校师德师风建设的途径分析》，《黑龙江高教研究》2009 年第 2 期。

断跨出专业领域内的困境的过程。因此，教师在面对道德困境时，可以在试图解决道德问题的整个过程中进行持续的反思，以此不断在体验、反思、行动的过程中提升自身走出未来可能面临的道德困境的能力。正如苏格拉底所言的"未经反思的人生不值得活"，亦恰如《论语》中曾子尝言的"吾日三省吾身"，必须持续对自身的道德学习过程进行自主的反思，无论反思的程度如何，都将对教师的自主性的道德学习过程产生潜移默化的影响，也必将影响师德师风建设的整体效果。

除此之外，为了推动教师专业道德学习的有序开展，也需要有强劲外力的帮助，而外力帮助的形式可以是多种方式、多种维度、多种强度的。例如，《中共中央 国务院关于全面深化新时代教师队伍建设改革的意见》指出："开展教师宣传国家重大题材作品立项，推出一批让人喜闻乐见、能够产生广泛影响、展现教师时代风貌的影视作品和文学作品，发掘师德典型、讲好师德故事，加强引领，注重感召，弘扬楷模，形成强大正能量。"① 在此基础上，可以引领、带动广大教师队伍不断进行道德学习，使其获得道德上的成长，最终形成良好的师德师风新风尚。

二　内容上：不断完善师德师风理论模型

新时代加强师德师风理论模型建设，只依靠教师本体的内省和自塑是远远不够的，还需着眼于理论模型自身，由内向外，由表及里，不断完善。可以通过构筑师德师风建设模型的外部生态以及树立师德师风建设模型的高阶理想"两步走"的方案，有效将新时代加强师德师风建设理论模型落到实处，分层级、一体化地推进师德师风建设。

（一）构筑师德师风建设模型的外部生态

外部生态指的是，某事物生存与成长所依赖的外在环境，可以延伸

---

① 《中共中央 国务院关于全面深化新时代教师队伍建设改革的意见》，《人民日报》2018年2月1日，第1版。

为自然生态环境、社会生态环境、政策生态环境以及价值生态环境等，用于师德师风建设领域则意指影响师德师风建设理论模型"落地生根"的外部条件及氛围，而"生态平衡主要取决于系统与环境的交换关系、系统的结构与功能平衡"[1]。

诚然，通过对师德师风建设模型的分析可以发现，师德师风建设理论模型的落地成效，深受外部生态环境的影响，主要表现为三个方面。一是受到政治生态的影响。政治生态环境是师德师风建设理论模型的主要规范环境，例如政府的领导力类型，对待师德师风建设问题的基本态度和已出台的制度、方针、政策等，都对师德师风建设模型顺利落地起到决定性、导向性作用。二是受到社会生态的影响。这主要指社会评价层面的因素，包括介入第三方评价、大众舆论的影响等，这在一定程度上影响理论模型的运用实效。三是受到教育生态的影响。学校领导力类型、教育机构中教师的地位、教师团队组织氛围以及学校特有文化等，均会影响理论模型的应用方式。

而促进新时代师德师风理论模型的精准落地，需要打造优良和谐的政治、社会、教育生态共同体。师德师风建设水平的提升是一个持续不断发展的过程，充分调动影响师德师风建设理论模型的外部因素，最大化地汇集外部生态之优长，是促进理论模型落地开花、繁荣兴盛的基础。只有具备师德师风建设理论模型所需的各项基本条件后，才能有序推进师德师风的建设工作。以环境为视角（环境包含了师德师风建设系统之外的所有内容）构建师德建设的外部生态，需要保持外部环境的均衡、合作发展。因为当外部环境发生变化时，环境对决策系统就会产生一定的刺激，也就是环境动力会作用于决策系统。[2] 因此，应使政治生态、社会生态、环境生态在师德师风建设过程中实现多方融合，形成良好的、稳定的整体外部环境生态，让环境外力的引导作用，与教师自我师德师风养成产生合力，确保师德师风建设理论模型开花结果，进

---

① 贺祖斌：《高等教育生态论》，广西师范大学出版社，2005。

② 孟繁华：《教育管理决策环境模型》，《首都师范大学学报》（社会科学版）2002年第1期。

而保障新时代师德师风建设的平稳进步，全面提升教师的道德修养。

（二）　树立师德师风建设模型的高阶理想

师德师风建设的高级阶段是实现师德建设的"自觉—善治—发展型"模式，师风建设也以此为标杆。不可否认的是，实现这样一种模式并不容易，事实上会面临诸多困境与挑战，所以，实现这一理想模式将是一个长期性、持续性的过程。然而，师德师风建设过程必然随着时代诉求适时变动，因而，树立起师德师风建设理论模型的高阶甚至是终极理想，有助于打破小进则满、安于现状的老观念、旧思维，以不断革新、走在前列的理论模型为参照，助益堪当培养人才重任的、兼备超强"传播"与"塑造"能力的优良教师队伍的建设。

由此，对于师德师风建设的整个体系而言，处于这三个阶段中的高级阶段，才是师德师风建设和发展的至高追求，是师德师风建设努力的根本方向。而处于"顶层阶段"的师德师风内容及观念，才是整个师德师风建设体系理应追求的核心价值，这同样是新时代师德师风建设取得成功最具决定性的关键要素。究其原因在于，那些顶层观念指代的是各种美德和最高价值目标、各种实践追求的方向和生活的意义的动力性观念。① 展开来说，这种理解意味着，无论是教师个体道德的至善追求，抑或教师职业道德的最高标准的实现，都将体现在师德师风建设的高级阶段对于崇高价值的追求之中。与此相适应地，在师德建设的初级阶段和中级阶段，都应为了不断接近师德建设的高级阶段、促进师德内涵的发展而努力，也只有如此，教师良好德性的完满和教师价值的良好实现才能够获得存在的意义。师风建设自当也会随着师德建设高级阶段目标的实现而逐步趋向高级阶段，师风影响的场域也将随之扩大。

为此，在新时代加强师德师风建设的任一阶段树立高于此阶段的进阶理想，能够在为推动不同阶段的建设工作指明方向的同时，亦为理论模型的优化革新提供滔滔不绝的动力，促使新时代师德师风建设的理论

---

① 　吕狂飚：《警惕从崇高师德简单转向底线师德》，《中国教育学刊》2018 年第 11 期。

模型时刻领先于时代、超前于实践，常变常新，逐渐推动新时代师德师风建设臻于"至真""至善""至美"境地。

三　环境上：加强师德师风社会环境建设

师德师风建设理论模型的有序应用，首先，要靠教师的自觉行动，不断进行道德学习；其次，需依赖师德师风建设模型本身设计的合理性、科学性与先验性；最后，则要促使整个社会真正形成尊师重教的良好风尚，为师德师风建设理论模型的落地营造适宜环境。展开而言，则须为教师发展做好社会服务，不断创设良好的条件，提供广阔舞台，使教师能够在教育教学工作中不断实现自身价值，从而将师德师风修养内化于己，成为自身的内在需要。进而，教师才会自愿地依循科学的师德师风建设模型，获得道德上的成长。

（一）社会各界齐心，做好教师道德发展的后勤保障

在依循师德师风建设理论模型推动师德师风建设的过程中，整个社会都不能"袖手旁观"，需要实现新时代师德师风新风尚的"共建、共商、共享"。因为，百年大计，教育为本；教育大计，教师为本；① 教师发展，立德为先。师德师风在一定程度上影响甚至决定着国家的未来走向，教师担负着培养一代新人的历史使命和社会责任，其道德风貌问题需要全社会予以高度重视。

具体而言，一方面，应为教师创设优良的工作、生活条件，做好对教师的后勤保障服务工作。例如，在工资、岗位津贴、住房、子女入学、家属工作等方面做好保障，提高教师的生活待遇，使他们的付出与所得相平衡，消除教师的后顾之忧。② 又如，学校、政府、社会等有关部门可以在教学、科研、管理等方面对教师予以相应指导，以老带新，以新促老，互学共进，共同建设好学科梯队，帮助年轻教师快速成长。另一方

---

① 《百年大计 教育为本》，《中国教育报》2013 年 9 月 12 日，第 1 版。
② 刘柏清：《高校师德师风建设的途径分析》，《黑龙江高教研究》2009 年第 2 期。

面，关注教师的身心健康发展。教师作为从事教育教学工作的专业人员有其专业所属的特殊性，教师教学工作是脑力劳动与体力劳动浑然一体的社会劳作方式，既依靠大脑感官运作，又必须倚靠丰沛的体力，因此，教师往往面临着巨大的心理压力和身体压力，很多教师身体和心理都处在"亚健康"状态。教师在备课、批改作业、课后服务、讲课、班级管理等过程中容易陷入"亚健康"状态。一项对 400 名中小学教师进行现场问卷调查的结果显示，中小学教师"亚健康"发生率为 55.1%，其发生与教师的性别、年龄、文化程度、工作量、个人的生活方式及精神心理因素有关。[1] 诸如此类的问题需要及时地加以解决，进一步加强对教师的身体健康和生活的关照。在此基础上，教师才能全身心地投入工作和学习，才能为师德师风建设中的各项工作的开展提供便利条件和有效保障。

（二）　科研部门聚力，考察教师道德发展的真实需要

加强师德师风建设不能想当然地落实大政方针，抑或依靠强力并辅以道德说教，必须符合教师道德发展的实际需要。实际上，师德师风的建设是分阶段的，究其原因在于，不同类型教师的道德发展水平具备相应的阶段性特质。从一般逻辑上而言，教师的道德发展需要决定着师德师风建设的内容。换言之，不同的教师会有不同的道德成长需求。"需求"是指主体对于客观事物的主观和客观需要，而"道德需求"则是个体在道德生活中感到道德欠缺而力求满足的内心状态，[2] 是道德接受与道德发展的直接动力源泉。由此说来，教师师德师风发展需求可以划分为主观需求和客观需求。固然，教师师德师风建设的主观需求与客观需求在某项要求中可能并不一致。并且，基于教师道德发展所提出的主观需求可能由于个体知识水平和能力所限而具有局限性，而成为不真实和不

---

① 周玲玲、姚耿东：《中小学教师亚健康危险因素问卷调查》，《中国职业医学》2005 年第 4 期。

② 孙少平、李广、林海亮：《新时期学校德育热点问题研究》，广东教育出版社，2008，第 86 页。

科学的需求。亦有可能存在仅仅从个人趋利避害的本性出发而忽视教师团体组织的需求，致使师德师风建设呈现低迷化的现象。所以，这同样启示我们，在进行师德师风建设的过程中，注重考察教师道德发展的不同需求仍具有重要的现实意义。不言而喻，在新时代加强师德师风建设过程中注重对教师道德发展需求的考察是师德师风建设理论模型项目设计环节中必不可少的一环，也是确定师德师风建设内容的基本前提，并最终影响着整个师德师风建设理论模型实施的效果。

因此，在新时代背景下，各级各类科研部门应通力合作，考察教师道德发展的真实多层级需求，促使师德师风建设的抽象时代要求向具象时代需求转化，为构筑新时代师德师风建设体系厘清价值目标与内容维度。一则，科研部门可以通过科学研究全面理顺"教师道德发展需求"的层级变化以及变化特质。一般来说，加强教师队伍师德师风建设的官方文件不会清晰地指出教师道德发展的各个阶段，只会点出建设的大方向与大目标，这就给师德师风建设理论模型的实际制定与使用带来了一定困难。这就需要发挥跨学科、跨国别、跨文化的学术科研的功用，通过对古往今来师德师风建设的成就与经验、问题与不足进行提炼、总结，描绘出从"他律"教师道德需求，到"自律"教师道德需求，再到"自由"教师道德需求阶段的质变轨迹，并凝练出教师道德发展需求中层层递进的"义务""良心""自由"[1] 等三大特质，以及"无我""为我""我为"[2] 教师道德发展需求中环环相扣的三点精神。二则，科研部门可以通过科学研究不断填充"教师道德发展"的具体内容以及影响因素。教师道德发展需求是由个人专业发展需求、个人职业晋升需求、学校团队发展需求等要素构成的，并且不断地受到诸多不可控因素"相互影响、决定、塑造和动态演化"[3] 的影响，通过理论研究、实证探索、实验检验等方式，紧跟时代潮流，接续不断地考察、确定、补充

---

[1] 夏湘远：《义务·良心·自由：道德需要三层次》，《求索》2000 年第 3 期。
[2] 曾钊新：《论道德需要发展的社会轨迹》，《中州学刊》1992 年第 4 期。
[3] 李其维：《"认知革命"与"第二代认知科学"刍议》，《心理学报》2008 年第 12 期。

符合新时代背景下教师道德发展真实需求的内容，为加强师德师风建设创建良好的社会环境，进而督促师德师风建设理论模型落地见效。

（三）实施信仰教育，关注教师道德发展的理想信念

为推动师德师风建设理论模型的落实，加强新时代师德师风建设，必须重申信仰教育教学工作对教师教育者、师范生以及在职教师的重要性，着重关注增强广大教师道德发展的理想信念。

诚如雅斯贝尔斯所言，"教育须有信仰，没有信仰就不成其为教育，而只是教学的技术而已。教育的目的在于让自己清楚当下的教育本质和自己的意志，除此之外，是找不到教育的宗旨的"[1]。教师教育信仰是教师在教育实践中形成的对教育本质、教育活动、教育价值等深度教育问题的本真追求，是对教育应然价值、教育理想的皈依和对教育事业的极度热爱，是超越了教育实践本性、内化为教育行为的心理状态和精神诉求，是对外在行为与内在精神的双重超越。[2] 通过通识教育或教师教育对教育对象进行信仰教育，有利于在教育对象形成对教育的完整性理解和认识的基础上，建构作为教师自身从教的价值，进而促使教师为追求"教育真理"主动趋向善端，获得高度意义感和价值感。倘若教师教育领域关注、尊重并重建教师信仰和理想，师德师风问题便会迎刃而解。正如习近平总书记在会见第四届全国文明城市、文明村镇、文明单位和未成年思想道德建设工作先进代表时强调的："人民有信仰，民族有希望，国家有力量。"[3] 倘若，教师有了信仰，而社会为其信仰和理想的实现又提供了支持，使教师能够有效地实现自身的价值，师德师风建设便可取得可喜之成效。此外，还应关注教师的理想信念。当教师具备了理想信念，那么教育工作"已不仅仅是满足教师物质生活需

---

[1] 〔德〕雅斯贝尔斯：《什么是教育》，邹进译，生活·读书·新知三联书店，1991，第44页。

[2] 田友谊、张书：《论教师的教育信仰：价值、结构及生成机制》，《江汉学术》2014年第6期。

[3] 《习近平会见第四届全国文明城市、文明村镇、文明单位等先进代表》，中国政府网，http://www.gov.cn/xinwen/2015-02/28/content_2823258.htm。

求的职业或者谋生的手段，更是其丰富、生动、完整的生命，是其价值和尊严的体现"。① 各级各类学校教师作为成年人，基本接受过普通高等教育，普遍具有较高的知识水平和完整的知识结构，渴望在教育教学过程中取得令人瞩目的成就，实现个人人生价值。换言之，普通的中小学教师也有他们自身的从教理想。教师这种理想信念则是推动师德师风建设的强大动力。与此同时，师德师风建设内容也就成了教师坚定理想信念不可或缺的重要因素，将被广大教师主动追寻和习得。

---

① 田友谊、张书：《论教师的教育信仰：价值、结构及生成机制》，《江汉学术》2014 年第 6 期。

第四章　新时代加强师德师风建设的现实审视

本章基于新时代社会的发展和教师专业与道德发展的需求，对标在教育强国宏伟目标引领下的理想信念、道德情操、育人智慧、躬耕态度、仁爱之心、弘道追求等"六大教育家精神"，依循"认知—内容—环境"的行进逻辑，采用调查法中的访谈法来搜集研究资料，考察师德师风建设的现实问题。研究发现，新时代加强师德师风建设依然存在认知、内容与环境建设上的明显局限，具体表现为认知、培育、治理、评价以及环境五方面的困境。在此情况下，亟须厘清新时代师德师风建设的宏观、中观、微观等方面的阻碍因素，以完成对建设体系的反思与重构。

第一节　新时代加强师德师风建设的现实困境

步入新时代以来，在党和国家的统一规划与部署下，我国师德师风建设取得了一定成效，教师工作取得历史性成就，教师队伍整体面貌发生全局性转变，[①] 相应地，教育事业亦取得了显著进步。但师德师风失范现象时有发生，违反教师职业准则的行为屡禁不止，这也预示着我国教师队伍的师德师风建设仍然存在一定漏洞。因而，本节基于深度访谈的结果，从新时代师德培育—治理—评价（CGE）师德建设理论模型

---

① 《教育部召开推进教师队伍建设工作调度会》，《中国电力教育》2023 年第 1 期。

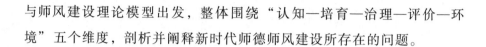

与师风建设理论模型出发，整体围绕"认知—培育—治理—评价—环境"五个维度，剖析并阐释新时代师德师风建设所存在的问题。

一 认知困境：师德师风建设的主导理念有待厘清

建设理念是对某类事业的建立、创设、优化工作的理性指导思想，对全局性的建设工作具有高度引领作用。其作为建设行动的先导，是建设行动的唯一方向标。如若在规划建设方案前、在建设行动开始前，拥有前瞻的、正确的建设理念，能够促进对某事物发展特质正确认知的形成，进而助力对事物发展规律的充分把握与合理遵循，在事物建设过程中不走错路、少走弯路。在师德师风建设领域，"建设理念"意为引领师德师风建设方向、规划师德师风建设方案、评估师德师风建设成效、重塑师德师风建设步履等行动的核心领导思想，具备逻辑性、科学性与深刻性，隶属于师德师风建设的认知范畴。厘清并树立正确的建设理念，是新时代加强教师队伍师德师风建设的先决条件，亦是开展好师德师风建设工作的出发点和落脚点。

现有的师德师风建设理念较为丰富，具备历史的厚重感与文化的积淀性。其主要从马克思恩格斯教育理论、中华优秀传统文化中的师德师风理论、西方教育家的教师职业道德理论以及中国共产党历任主要领导人关于师德师风建设的重要论述等发展而来，主要涵括遵循"中央—社会—个体"层级逻辑的，政策理念、大众看法、主体意识三个维度的价值理念。

其一，师德师风建设的中央政策理念，意指党和国家从整体大局角度、顶层设计层面，拟定和规划的引领新时代全国教师队伍师德师风建设的指导思想，具备高格局、宽领域、广视野的鲜明特质，对地方施行理念和教师主体意识具有高度指引作用。恰如在 2019 年底教育部等七部门颁布的《关于加强和改进新时代师德师风建设的意见》所强调的——将"师德师风"建设实效作为教师队伍综合素质评价的第一准则，将"社会主义核心价值观"融入师德师风建设始终，严格制度、强化日常、加大保护、倡导尊师，促使各级各类教师向"四有"好老师靠拢，[①] 其统筹了师德师风建设中的所有层级与各个要素，从最高层次对新时代师德师风建设做出了前瞻性规划和全局性部署。

其二，师德师风建设的社会大众看法，指社会中广大人民群众对教师队伍师德师风建设、教师职业道德以及教师教育工作等的具体认知与理解，具有个性化、两极化的特征。譬如，在师德师风建设的大众看法中，有两种思维延续至今，趋向"道德"的两极，并持续对师德师风的建设产生影响。一是教师应成为"道德家"的高标道德期许。似乎在大众眼里，"以身作则、为人师表"已然成为教师的天职，教师理所当然应该追求道德的卓越，理所当然应该成为德行完美的人，成为社会道德的表率与灵魂。[②] 二是教师只需守住职业道德底线。诚如有的研究者认为的，师德师风的建设应重点设定教师的"底线道德"，也即厘定教师最重要的是"不能做什么"，使教师道德以及教师群体从教师道德"圣人化"的束缚中解脱出来。[③]

其三，师德师风建设的教师主体意识，特指作为师德师风建设的主角的教师的个人意识，包括教师对师德师风内涵与重要性的认识与把握、对教师职业道德和综合素养的要求与追求、参与师德师风建设工作的积极性等多方面。

诚然，通过调查发现，现有师德师风建设理念虽足够充实丰富，但仍存在一定的认知上的不足与容易混淆之处，主要体现为师德师风建设理念的片面性与被动性，师德师风建设理念亟须厘清与适时更新。一方面，大众看法过于片面。"崇高化"倾向与"底线化"思维的争辩愈演愈烈，将师德师风建设理念推向了两个不同层次。大众媒体与教育领域极力地渲染师德师风的"神圣性"，违背师德师风底线的现象愈演愈

① 《教育部等七部门印发〈关于加强和改进新时代师德师风建设的意见〉的通知》，《中华人民共和国教育部公报》2019 年第 12 期。
② 甘剑梅：《教师应该是道德家吗——关于教师道德的哲学反思》，《教育研究与实验》2003 年第 3 期。
③ 郝文清：《论教师道德的底线》，《齐鲁学刊》2010 年第 5 期。

烈，部分教师在享受师德师风带来的精神财富的同时，亦承受着某种难以述说的道德压力，对师德师风建设"航标"的厘清与把握也越发困难。"师德师风模范"由媒体传播后，教师个体某个方面的突出品质在聚光灯下走向了道德完美化，此类"完美化""崇高化"的大众看法，很大程度上给师德师风模范及整个教师群体带来了特有的隐形道德压力，相应地亦给教师队伍对师德师风建设的准确把控造成了一定阻碍。另一方面，主体意识过于被动。部分建设主体（各级各类教师）对师德师风的认识不足，实践不足，参与意愿不高。在访谈过程中，当问及"如何评价自己在师德师风建设过程中的表现时"，有少部分教师坦言自己对于师德师风建设不够重视："平常教学科研工作已经很忙了，没有富余的时间来学习相关的规章制度，在时间分配上，可能也算是对它（师德师风建设）有点忽略。"诚如有的学者所言，个别教师对自身师德修养重要性的认识程度不够，导致忽视了对相关理论和文件规定的学习，亦在潜意识中降低了对自身师德师风的标准和要求，甚至将教师职业等同于普通行业，[①] 从建设主体层面给师德师风建设理念的准确塑造与践行带来了负面影响。

二　内容困境：师德师风建设的整体方案有待革新

师德师风建设理论模型的内容建设部分主要蕴含着培育、治理与评价三方主体协同共进的运行机制，基于此逻辑对目前师德师风建设的整体方案进行审视可以发现：在培育层面，师德师风建设的教育体系有待优化；在治理层面，师德师风建设的制度规范有待完善；在评价层面，师德师风建设的考评机制亦有待改良。

（一）培育困境：师德师风建设的教育体系有待优化

新时代师德师风建设关乎教育的良序发展与教师个体专业和道德的成长，而推动教师队伍专业素养与道德素质提升的最体系化的方式，莫

---

①　姚昌、张晓波：《高校青年教师师德现状透析》，《学校党建与思想教育》2015 年第 23 期。

过于对各级各类教师开展合理有序、科学统一的师德师风教育。以一以贯之的、多方联动的师德师风教育体系，助力新时代教师队伍师德师风建设，有助于全面提升教师思政素养和道德水平。关于"教育体系"的内涵，《教育大辞典》将其定义为，为达成某类教育目的、实现某些教育功能的教育组织形式整体，具体包括教育目的、组织、内容、方法、媒介、教师、学生等元素。较为相似地，《教育大百科全书》亦将其界定为涵括教育背景、政策、目标、体系、财政、师资、方法、评估以及研究等多维内容的统一体。① 综合来看，教育体系属于教育制度范畴，是从官方层面对国家整体教育情况的基本阐释，对内是具体的行动路径，对外则是特色的教育标识。关于教育体系的结构，可从广义与狭义两方面来归纳划分：从广义上来看，我国教育体系包括制度体系、结构体系、育人体系、治理体系等诸多系统；而从狭义上来看，主要由学校、社会、家庭、行业以及网络等多元化教育系统组成。

　　基于以上内涵与结构，在师德师风建设领域，师德师风教育体系则是指为实现教师队伍师德师风建设、塑造教师队伍新风貌所需的教育组织形式整体，具体亦囊括师德师风教育的目标、制度、主体、规划、内容、形式、方法等模块。构建师德师风教育体系，实则是在通过课堂育德、实践铸德、典型树道、规则立德等多重方式提升受训教师的专业道德素养，能够契合新时代教师队伍建设必然需求的同时，满足新时代社会变革信息化、开放化、民主化的应然呼求。综览当下，步入新时代以来，我国已初步构建了师德师风教育体系，对师德师风建设主体、内容以及形式均有论述。主体上，主要由党和中央政府牵头搭建、地方政府和学校贯彻落实、大中小学教师广泛参与；形式上，教师教育与专业培训"两条腿并行"；内容上，理想信念、道德情操、法律法规与专业知识技能等"四驾齐驱"。但是，面对目前教师队伍中出现的师德师风失范问题，对标新时代师德师风建设最新的具体要求，比照前文所构建的

---

① 《教育大百科全书》，西南师范大学出版社，2006。

师德师风建设理论模型，在当前的师德师风建设的培育视域中，师德师风的教育体系仍然存在可以进一步完善的空间。由于教育内容的学究化与教育方式的单一化倾向，任务型培育、规范型培育、自觉型培育三个阶段不能顺畅衔接，此种情况下的师德师风建设效果亦流于形式、浮于表面。

一则，当前师德师风教育体系中教育内容有学究化倾向。虽已从理论上初步形成"四驾齐驱"的内容体系，但是在现实教育实践中，重视理想信念、道德情操、法律法规以及专业知识的灌输，忽视教师专业技能训练的现象频发，教育内容大多是枯燥的师德师风理论或刻板的教育教学要求。当前的教师教育培养体系中，很少开设专门的师德师风教育课程，新教师入职前只通过短期培训接触少量师德师风教育内容，这导致教师在师德师风修养的认识上往往是模糊的，也导致师德师风内化效果不佳。[①] 诚如受访教师 T8 所言，"目前我们学校也会开展很多的师德师风培训活动……在培训内容上，主要是各个老师轮流带着全园教师一起学习《幼儿教师职业道德规范》《新时代幼儿园教师职业行为十项准则》这种政策文件"。由此可见，目前师德师风教育培训"没有很好地根据各个专业学科建设的具体需求来挖掘师德师风建设的内容"，[②] 导致师德师风教育的内容层次浮于表面、不够深入，出现了千篇一律的趋同化倾向，其针对性、趣味性、实操性与理论的可转化性亦有待加强。

二则，当前师德师风教育体系中的教育方式有单一化趋势。通过调查发现，当前师德师风教育主要以"专门化的教师教育"与"专题性的教师培训"两种形式展开，以教育、宣传、号召为主，具体通过课堂教学、座谈会、报告会、读书会、表彰会、专题讲座等教育活动，以

---

① 穆惠涛、张富国：《新时代我国教师队伍师德内化的突破口与实现路径——基于教师职业责任分析的视角》，《现代教育管理》2019 年第 4 期。

② 王金平：《胜任力视域下高校辅导员师德师风的建设范式研究》，《黑龙江高教研究》2017 年第 10 期。

讲授法、讨论法、谈话法、读书指导法等方法传达师德师风建设精神与方案。然而，诚如有的研究者调查所发现的，在现有各级各类学校所开展的专题师德师风教育培训中，"仅有理论讲述而缺少互动讨论，忽视了丰富的道德实践环节与高校教师个人的主观能动性"[①]，一定程度上忽略了师德师风教育中参观法、实习法等实践教育方法对于教师个人的师德师风意识、情感、行为培育的重要价值；活动策划系统性不强，大多数学校仅将师德师风建设局限于9月师德建设月，仅围绕教师节表彰开展宣传教育活动，缺乏全年度系统活动策划，尊师重教日常管理尚有欠缺，[②] 导致目前师德师风建设陷入培育困境。教师T9也表示："目前我们学校开展师德师风教育主要有专项工作会议、圆桌讨论、集体培训等几种形式，大多数时候都没有走出'教室'，有点单一枯燥，容易让人犯困，而目前感受到最有趣、比较有仪式感的活动是我们全体教师一起签署了《师德师风承诺书》并进行宣誓。"

（二）治理困境：师德师风建设的制度规范有待完善

何谓"制度规范"？其实可从不同学科领域与含义层级对"制度规范"这一综合概念进行向内、向外的界定。辛鸣从制度哲学视域角度提出，"制度"是某些具有规范意味的实体或非实体的历史性存在物，以一种强制意味影响人与社会发展，涵括诸如政治、经济规则等正式制度和价值信念、道德伦理等非正式制度。[③] 而学者刘作翔从社会治理角度指出，"规范"是能够对人的行为起到指引和约束作用的条例、法则等。[④] 综合来看，"制度规范"是"制度"与"规范"两种概念的巧妙高度融合，在治理过程中用以组织、监督、约束全体成员，是规定具体工作程序的章程、条例、标准等既定事物的总称，其作为治理体系中不可分割的一部分，决定着事物组织形态、权力结构及运行方式。建章立

---

① 金昕、王丹彤：《高校师德制度建设的问题与出路》，《思想理论教育导刊》2016年第3期。
② 张维静、张春雷：《新时代高校师德师风建设：内涵特征·现实困境·实践路径》，《中学政治教学参考》2022年第8期。
③ 辛鸣：《制度论——关于制度哲学的理论构建》，人民出版社，2005，第51页。
④ 刘作翔：《当代中国的规范体系：理论与制度结构》，《中国社会科学》2019年第7期。

制，是现代治理的可靠凭借与有效方式。① 建立与社会发展需求相适应的、集工具理性与价值理性于一体的制度规范，是将现代治理的创新经验与成熟做法加固、铸牢、定型的关键之举，有助于明晰做什么、谁来做、怎么做、怎么评、谁来管等建设顺序，进一步助推事物发展。

而师德师风建设的制度规范则指规定、规划、规范教师队伍师德师风建设工作的具体办法、细则、条例等，从历时性视角来审视新中国成立以来的师德师风建设的制度规范，具体包括法律法规、规范（如职业道德规范）、要求（如职业道德要求）、标准（如专业标准、指导标准、管理标准等）、意见（如实施意见、改进意见等）、方案（如总体方案）、规定（如奖励规定、惩处规定、评选规定等）、"纲要"（如改革和发展纲要、发展规划等）、条例（如资格条例）、办法（如实施办法、处理办法等）以及规程（如工作规程）等十余种形式，主要通过奖励、惩处、教育、考核、宣传、监督、保障、激励等多种举措，以官方权威的态度、清晰明确的方式来规范教师职业行为与道德。通过以上种种制度规范，师德师风建设机制的长效化发展不断推进，强有力的制度推动建立健全了涵括从"师育师"到"师育生"的全方位、立体化、网格式的师德师风建设体系，从治理角度有效提升了教师师德师风建设水平。

而对标师德师风理论模型的治理维度，可以发现，政府参与和主导的师德师风建设主要历经控制型模式、管理型模式与善治型模式由初级到高级的三个发展阶段。基于此，可以判定，目前的师德师风建设处在控制期向管理期的过渡阶段，制度规范有待完善，主要存在制度规范内容不细、落实力度不足两方面的问题。

其一，制度规范内容不细。目前师德师风建设的制度规范多由党和政府从顶层设计层面进行规划、制定，从大方向、全局性视角拟定建设方案与具体细节，基本契合全国各级各类学校师德师风建设实况，但是

---

① 栗智宽、俞良早：《党的自我革命制度规范体系：内容结构、效能优势与完善路向》，《学习与实践》2023年第2期。

落于细节时，个别学校可能由于对师德师风建设的把握度、重视度不够，没有制定或制定不出符合学校实际情况的建设实施细则。此外，恰如受访者 T4 所表示的："据我了解，我们学校有依据中央所颁布的文件精神制定的《××××年度师德师风建设实施方案》，实施方案会要求这一年度必须开展师德师风建设系列学习活动、开展师德师风系列主题活动、完善师德考核和监督管理系统、开展师德师风专项治理活动等，但是实施方案内容都比较笼统，对于我们任课老师而言，则是领导怎么说，我们就怎么做，方案对于我们的实操性其实是比较低的。"可见，学校对师德师风建设的制度规范的探索仍存有较大空间，大部分学校制定出的师德师风建设方案内容较为笼统、抽象，不够细致，层次性、可操作性和实践性不强。[①]

其二，制度规范落实力度不足。制度规范主要由"掌舵者"中央政府制定，而具体的"划桨者"则应由地方政府、各级各类学校、广大教师、社会机构等一同扮演。但是在"央—地"衔接、"官—民"共建的进程中，由于师德师风制度规范的领导机制、组织机制、监督机制、应急机制等落实机制不健全，师德师风建设工作中出现了建设主体响应度不高、建设管理度不足、约束不到位、舆情应对不及时等问题，新时代加强师德师风建设的中央精神在上传下达进程中被迫"空转"。受访者 T6 就在访谈中透露其所在学校在师德师风建设工作中存在组织机制落实不到位的问题："老实说，我们学校虽然已经制定了相应的师德师风建设方案，也提到了成立'师德师风建设工作领导小组'，但是仅仅只是将人员进行了规整，没有写清楚每个人物、每个角色的具体职能，比如组长、副组长、成员，分别应该负责师德师风建设过程中的什么工作，这就导致学校师德师风建设过程中出现角色混乱、职能混淆的局面，最后可能谁都不想负责（师德师风建设工作）、谁都负责不好（师德师风建设工作）。"恰如有学者指出的，部分高校虽依据上级要求

[①]　王凌超：《中美高校师德制度建设的历程与特点比较》，《教师教育论坛》2019 年第 5 期。

成立"党委教师工作部",但与人事处、宣传部等部门合署办公,主体工作内容不明晰、主体责任落实不到位,[①] 在制度规范具体落实上存在一定偏差,极大地影响了师德师风建设的总体进程。

(三) 评价困境:师德师风建设的考评机制有待改良

考评机制,作为一种动力绩效型机制,可拆释为"考核"与"评价"两部分。一是"考核",即比照某些目标、遵照某类规定对某群体的既有行为、工作完成度等方面进行考量与核查。二是"评价",即衡量、评估人或事物的善恶、好坏等。其二者分别与机制一词搭配,可以依次理解为考核工作中各种程序的总和以及评价工作中目的、内容、指标、方法等各个模块的总和。正所谓:"得人在审举,审举在核真。"唯有制定并设立科学合理的考评机制,明确考什么、如何考、谁来考、怎么评、如何改等细节问题,充分发挥"指挥棒""风向标"作用,才能充分把握好、平衡好实际工作中"显绩"与"潜绩"的关系。

师德师风建设的考评机制,展开而言,囊括师德师风考核与师德师风评价两类机制。其中,师德师风考核是为正确衡量教师在师德师风建设工作中所做出的贡献,通过制定相应的考核标准和办法,对教师个人师德师风建设实际情况做调查、找问题,进而塑行为、强道德的一种方式,是评价机制的前提与基点;而师德师风评价则是为评估教师在师德师风建设工作中所取得的成绩与所发挥的作用,基于师德师风考核结果,对教师本人进行奖励或惩处的一种方式,能够"协调教育内部与外部的人际关系,实现教师职业道德从现有到应有的转化",[②] 是对考核机制的延续与发展。设立师德师风建设的考评机制,将师德师风建设结果与教师个人收入、职称、地位等利益挂钩,在很大程度上能够直接影响教师自身的思想情绪与工作积极性,[③] 同时,更能从侧面进一步提

① 张维静、张春雷:《新时代高校师德师风建设:内涵特征·现实困境·实践路径》,《中学政治教学参考》2022年第8期。
② 钱焕琦:《教师职业道德》,华东师范大学出版社,2015,第281页。
③ 王高贺:《教师视角中的高校师生沟通》,《教育评论》2013年第3期。

升教师对师德师风建设的重视程度，端正其对师德师风建设的态度。

着眼当下，不同地区、不同学校的师德师风建设考评机制形态各异、千差万别，因各级各类学校教育特点不同，且师德师风难有较为一致的量化标准，截至目前，尚未建立形成较为完善统一的师德师风建设考评机制。结合上文所构建的师德师风理论模型中的评价三维度（"奖惩型评价—绩效型评价—发展型评价"），审视目前已有的师德师风建设考评机制，发现其主要在考评标准、考评主体以及考评方式几个维度下存在亟待改良的问题。

一是考评标准陈旧老套。通过调查发现，对于考评标准的"老化"，大部分教师都有所提及。如受访者 T1 所言，"以教学工作考核与奖励来说，目前我们学校的教师考评标准，仍旧以'教学工作量'和'教学工作效果'为主要变量，对教师的'师德师风'只是在'教师基本职责'里简单一提、轻轻带过"；教师 T3 认为"考评标准中虽然要求了考核优秀教师必须满足'遵守职业道德，履行教书育人等职责'，但是没有人会真正去追问也没有标准来测评这个老师的师德师风究竟如何……整体来看，主要还是看他（她）的教学、科研成果的质量"。可以得见，虽明面上强调将"师德师风考核"置于教师考评首位，但是在考评过程中尚处于"奖惩型评价"与"绩效型评价"并用阶段，仍不可避免地受到旧考评思想、旧考评细则的影响，如高校更重视科研、中小学更重视教学等观念，忽视了"师德师风"在考评中的重要地位。且师德量化评价往往和考核、职称、晋升等利益相关联，看似科学，但若操作不当，容易因教师"趋利避害"的生存本能诱发其道德投机行为。[1]

二是考评主体单一封闭。如今的师德师风建设考评的开放度不高、群众参与度较低，多依循上级领导对教师专业素养与道德修养的单一看法而得出最终结论，恰如受访者们所言，"如果考评时遇到自己熟悉的专家评委或上级评审，其实分相应会高一点，同事之间互评，对于师德

---

① 李新翠：《新时代师德建设的现实困境及其突围》，《当代教育科学》2020 年第 4 期。

师风这种人人都应相差不大的项目，其实分数都会给得比较高且较为平均"（T5），"理论上，我们学校每学期对教师师德师风的考评主要会经历'教师自评—教研组内互评—学生+家长评价—学校评价'四个阶段，但是实际落实起来，并没有这么全面，比如家长的参与度就比较低"（T6），考评主体视角单一，容易导致出现因人际关系而打出较高"交情分"的现象，致使师德师风建设考评结果失真。

三是考评方式效率低下。目前的考核方式以"终结性考评"为主，主要集中于学期末端或学年末期对教师的师德师风建设状况进行定量式的总结评价，如"我们学校的教师考评工作一般放在每年的年底，一般在11月、12月集中进行"（T7），且考评调查项目较为烦琐，当遇上年终总结等工作时，关于师德师风建设的考评工作就会草草了结，这极大地影响了考评结果的真实性与准确度。

三 环境困境：师德师风建设的整体氛围有待增强

除以上所述的师德师风建设中存在的基本内涵上的认知困境与内部建设中的培育、治理与评价困境，目前我国师德师风建设中仍旧存在外部建设中的环境困境，主要指师德师风建设的内外部环境困局。建设的环境，可划分为"软环境"与"硬环境"两类，其中，软环境主要指代"精神氛围"，如文化、制度、追求等，硬环境主要指代"物质设施"，如设施、设备、工具等。正所谓"一流的环境，创造一流的业绩"，营造良好的建设环境，能够为建设工作的全局提供良好生态，同时激发建设者的创新潜力，提升建设的工作效率，推动建设工作的高质量完成。

由于师德师风建设一般分属精神文化建设范畴，因此下文在探寻师德师风建设整体环境困境时，仅探究师德师风建设的"软环境"。经过文化传承与历史沉淀，各级各类学校逐渐形成了由学术精神、人文传统和校园氛围等多重要素组成的精神文化环境。① 而师德师风建设工作不

① 李大健：《论高校隐性课程的建设》，《中国大学教学》2008年第11期。

仅仅局限于学校内部，其建设"触角"蔓延至整个社会，涵括政府、机构、企业等多类主体，不言而喻，其精神文化环境的内涵与外延也更为广泛。作为影响教师队伍师德师风建设活动的各种要素之和的环境，可以划分为外部环境与内部环境。

客观来看，目前已形成了师德师风建设"社会大环境"与"学校小环境"交相辉映之景，教师的幸福感、成就感与荣誉感与日俱增，教师职业吸引力显著增强，教师安心、热心、舒心、静心从教的良好局面正在孕育生成。① 诚然，以贯彻党的二十大精神为具体指向，我国师德师风建设的内部、外部整体氛围亦有待增强，我国尊师重教的整体氛围亦有待进一步拓展深化。从师德师风建设的外部"社会大环境"来看，西方不良文化思潮、市场经济阻生因素、互联网娱乐文化中的负面思想等正不断干扰良好健康师德师风的生成与升华，不断干预着教师的个人职业与道德选择。以市场经济中所存在的阻碍因素为例，"随着市场经济的发展，追逐功利的思想观念容易侵蚀人们的社会、经济、政治与文化生活等，导致国家意识、集体意识和互助精神、奉献精神的减弱"，② 同理，此类不良化观念亦会逐渐渗透进师德师风建设领域，不断冲击着建设主体——广大教师的价值观念，产生诸如极端自由主义、个人主义、功利主义、利己主义等消极价值观念，致使教师难守心灵一方净土、难循基本道德规范。有学者指出，"在市场经济条件下进行社会服务可能导致一些高校和教师唯利是图，存在重经济效益、轻社会效益和教育效益的倾向"。③ 诚如教师 T1 所说："我察觉到部分教师没有走'正道'、做'正事'，他们的心不在教书育人、追求真理，而是想着如何在绩效考核、职称评聘、评优评奖等工作中把他人比下去，为自己谋利，他们可能是受到享乐主义、消费主义等不良价值观念的影响，

---

① 陈宝生：《弘扬尊师重教好风尚　踏实强师筑梦新步伐——写在第 35 个教师节》，《人民教育》2019 年第 18 期。

② 江泽民：《论三个代表》，中央文献出版社，2001，第 122 页。

③ 眭依凡、汤谦凡：《我国高校社会服务 30 年发展实践研究》，《中国高教研究》2008 年第 11 期。

挺让人害怕和心寒的。"此外，从师德师风建设的内部"学校小环境"来看，关于教师考评的要求与制度通常存在一定的"轻视主义""形式主义""简单主义"倾向，对师德师风要求轻于教学科研要求，对师德师风失范行为采取"大事化小，小事化了"的处理方式，[①] 处罚力度不够严苛，失范代价甚小，对于师德师风"一票否决"制的落实不到位。受访者 T2 直言："我个人觉得，现阶段师德师风建设的学校氛围是不够浓厚的。拿高校来说，当面对教师的师德师风失范现象，部分高校的处置其实是不及时、不合理且不够严苛的，有的甚至要成为'微博热搜'通过'大众办案'才会给予相应重视，要不很难有下文。"对于师德师风建设的保障推进不力，未能通过人事制度改革、教职工资源分配等方式，顺畅营造出"识才、荐才、育才、用才、留才"[②] 的工作环境以及与教师自身密切相关的、温暖舒适的生活环境。

第二节　新时代加强师德师风建设的阻碍因素

如前所述，目前加强师德师风建设的工作主要面临认知、培育、治理、评价与环境五大困境。为进一步完善新时代师德师风建设，准确厘定未来师德师风建设方向与路径，亟须基于现有困境做出系统、深刻且全面的分析。通过回溯学界观点，可以发现，学者们主要从单因素分析和多因素分析两条进路对师德师风建设的影响因素做出阐释。一是单因素分析，聚焦、着眼于某因素（某一固定变量）对师德师风建设的影响程度，一般仅阐释单一影响因素。例如，研究者高启明主要探寻的是来自政府、高校等主体的综合管理（包括管理制度、管理水平、管理理念、管理思路等）对师德师风建设的影响。[③] 二是多因素分析，顾名

---

① 郑晓东、肖军霞：《新形势下高校师德师风建设的时代价值与实践路径》，《思想理论教育导刊》2019 年第 8 期。

② 魏斌：《高校青年教师师德师风建设内外因分析研究》，《教育探索》2011 年第 5 期。

③ 高启明：《管理缺失对高校师德师风建设的影响及对策解析》，《教育探索》2015 年第 1 期。

思义则是研究多个因素（多个变量）对师德师风建设的影响，此类研究最终会衍生出两个及以上的影响因素。譬如，学者袁进霞依循"环境—行动—反思"逻辑，剖析了高校教师师德师风建设存在教师缺少神圣感、责任感、自律性、使命感等问题的三大原因，即受到社会大环境的不良影响、部分学校不重视，以及考核、评价体系不健全。[1]

综合来看，影响师德师风建设的客观因素，既包括社会期望、职业声望、现实地位等宏观环境因素，也包括学校管理体制、人际关系、群体观念、集体目标等微观环境因素，而较之宏观环境因素，微观环境因素对师德的形成与发展的影响更直接。[2] 因而，本研究基于对"单因素分析"与"多因素分析"两类范例的权衡考虑，并依据所获得的调查结果以及上文所构筑的加强师德师风建设的理论模型，决定采用"多因素分析"范式，从"宏观—中观—微观"的角度综合界定阻碍新时代师德师风建设进程的多方因素。

一　宏观因素：社会不良环境干扰师德师风建设

从宏观维度来看，社会环境能够显著影响新时代师德师风建设，影响的具体发力点是师德师风建设的全局氛围。"环境激励理论"认为，环境是促使各类行动主体产生全新的、更高层次的需求的诱发条件和影响因素。[3] 而社会环境则是环境的一部分，亦是一个含义宽泛、维度多元的综合概念体，是全人类生存、生活、生长所需的社会精神、社会物质之和，主要涵括自然生态环境、传统文化风俗、社会发展状况、社会人际关系、日常生活氛围、生存策略等，[4] 而本研究此处所要论述的影响因素——"社会环境"，仅代指由时势、制度与观念三个维度组成的

---

① 袁进霞：《高校师德师风存在的问题及对策》，《学校党建与思想教育》2017年第4期。
② 马娟、陈旭、赵慧：《师德发展的影响因素及其作用机制》，《教师教育研究》2004年第6期。
③ 俞克纯、沈迎选：《激励活力凝聚力——行为科学的激励理论与群体行为理论》，中国经济出版社，1988，第112页。
④ 孙抱弘：《社会环境·接受图式·养成途径——关于青少年素质养成机制的跨学科思考》，《当代青年研究》2001年第6期。

"社会文化环境"，囊括世界局势、中国国情、保障性制度、约束性制度、教育观念等多元因素。而师德师风建设氛围，是指师德师风建设的内外部整体环境，如果将"师德师风建设历程"比作土壤，将"师德师风建设实效"看作种子，那么"师德师风建设氛围"则是种子发芽、开花、结果过程中必不可少的"水资源"。内部环境作为一类社会存在物，与外部环境系统（社会环境）并非相互隔绝、相互割裂，而是两个相互影响、互换能量的贯通场域，师德师风建设处于社会环境之中，社会环境又深深地影响师德师风建设，主要表现为以下两方面。

一方面，是市场经济所带来的负面效应。根据经济影响教育的规律，市场经济亦冲破了学校"自我封闭、盲目办学"[①]的樊篱，促进了学校教育教学的改革发展，进一步提高了办学效率。然而，由于社会主义市场经济体制一些方面的不完善、不健全，人际关系的功利化、商品化、庸俗化与拜金主义、利己主义、享乐主义等逐渐成为社会公害，[②]相应地，亦给师德师风建设氛围带来了负面影响，"当看到自己的同事名利双收，抑或看到社会贫富差距拉大，看惯了权钱交易等现象时，心理的天秤可能就会失去平衡，滑向不良价值的一边"（T5），市场经济的负面效应可能会导致部分教师"三观"发生扭曲，过分趋于利己，过分追逐利益。"有的老师价值观会发生偏移，有可能就会利用自己的工作与职务之便，谋取不正当的物质利益"（T8），甚至将"物质利益"作为评判自身发展的最高标准，一定程度上"玷污"了传统教育系统以奉献和集体利益为追求的文化环境。另一方面，是网络时代所衍生的消极影响。据 2023 年 3 月发布的《中国互联网络发展状况统计报告》，截至 2022 年 12 月，我国网民规模达 10.67 亿，互联网普及率为75.6%。[③] 显然，我国已然步入高速发展的"互联网时代"。网络作为

---

① 吴坚：《市场经济对高校改革发展的正负面影响》，《港澳经济》1997 年第 11 期。

② 辛世俊：《当代人学的责任：对市场经济负面效应的批判》，《郑州大学学报》（哲学社会科学版）2012 年第 1 期。

③ 《中国互联网络发展状况统计报告》，《互联网天地》2023 年第 3 期。

目前为止应用最广、功能最全的超自然媒介，以其特殊性质为教育带来了诸如线上线下"双线"融合教学、教育资源汇聚庞大、信息自由开放程度高等崭新优势。但是，互联网文化的"泛娱乐化"倾向则好比是网络时代的"精神鸦片"，对互联网的广大受众也产生了诸多负面影响。[①] 教师作为互联网的主要受众之一，有时也深受其害，教师 T4 表示，"现如今网络上的信息过于纷杂、混乱，可能对于师德师风建设的工作环境也会产生一定的污染……而且网络是隐蔽的、隐形的、虚拟的，以及约束性较弱的，不排除部分教师在互联网上出现言行不端、道德滑坡的可能"，当教师过度接触"泛娱乐化"现象时，会不自主地将这类倾向带入教书育人工作中，出现思想混沌情况，进而产生"愚乐"效应，不利于良好的师德师风建设氛围的营造。

二　中观因素：学校管理僵化制约师德师风建设

从中观维度来看，学校管理能够显著影响新时代师德师风建设，对师德师风建设的整个过程都会产生影响。学校管理是学校管理者遵循一定的教育规律以及社会需求，采取某些有效方式，充分汇聚现有资源，引领全体师生员工合力实现一致工作目标的一种组织活动。其目的在于，提高学生的学习质量、推动教师的个人成长、提升学校的教育水准，并为个人和社会的发展提供良机，[②] 具体包括管理者、管理手段、管理对象三个要素。而师德师风建设历程是指师德师风建设所历经的整个过程，即形塑教师师德师风的各类方案、手段、途径等，历程中的每一步决策都会对师德师风建设的最终实效产生巨大影响。不言自明，学校管理紧扣师德师风建设的引领、监督与反思各个环节，在管理理念、管理目标、管理手段、管理内容、管理决策等管理范畴，时刻影响着师

---

① 黄一玲、焦连杰、程世勇：《网络文化"泛娱乐化"背景下的社会主义核心价值观认同培育》，《湖北社会科学》2016 年第 11 期。

② 冯大明：《沟通与分享：中西教育管理领衔学者世纪汇谈》，上海教育出版社，2002，第67 页。

德师风建设成效。如果采用"霸权式""规训式"的学校管理，就可能造成教师自我与真我的割裂、教师生活与道德的割裂，会极大地阻碍师德师风建设进程，影响师德师风建设体系的建立健全。

第一，学校管理理念陈旧。学校管理理念是学校为完成组织管理任务而确立、制定的工作思想，它作为"学校思想共同体的一个重要部分"①，体现了管理者对学校未来发展方向与状态的价值把控。相对而言，一些学校管理理念较为陈旧，"效率至上""升学第一""功利化"等负向趋势比较突出，甚至将教师能为学校谋得的经济效益、名誉声望、学生成绩等作为衡量教师工作成绩的"死标准"，师生的道德发展、身心健康等多个层面被弱化。"其实我国教育一直在强调不'唯分数'、不'唯升学'，但是在大中小学校尤其是中小学的具体落实过程中，还是不可避免地受到教育评价旧观念的干扰……其实无论是学校领导，还是学生家长，甚至是整个社会，还是会以'升学率''优秀率''知名度'来直接评价老师，而师德师风只是被顺带提及的一项。"（T7）由此看来，学校管理的精力主要用于提高学生升学率，自然而然地就忽略了教师的师德师风建设，尚未给师德师风建设历程"开个好头"。第二，学校管理模式薄弱。"社会制度一般说来有助于个人思想意识和道德特征的形成……一个社会的法律、政治体系和其新闻媒介、工业组织、家庭和社会生活的惯例与习俗等等，这些和其他因素，都是教育的或好或坏的潜在因素。"② 而学校管理模式以制度（学校管理制度）为主要映照，学校管理制度是"学校管理工作中所涉及的人与人、人与事之间应遵循的基本规则"，③ 能够为学校指明具体前进与努力的方向。立足于师德师风建设历程，从教育培训制度、学校治理制度、教师评价制度、薪酬分配制度、学校投入制度等方面看，学校管理模式的

---

① 〔美〕托马斯·萨乔万尼：《校长学：一种反思性实践观》，张虹译，上海教育出版社，2004，第218页。

② 〔英〕约翰·怀特：《再论教育目的》，李永宏等译，教育科学出版社，1997，第159页。

③ 王家军：《学校管理伦理论纲》，博士学位论文，南京师范大学，2006。

不完备、不健全很大程度上影响了师德师风建设之路。例如，从学校投入制度来讲，部分学校注重对教师的职业能力、业务素质等的提升以及人、物、财力的投入，注重教师的专业化、职业化和专家化建设，[①] 往往较少关注教师的道德素质方面的提升。诚如教师 T5 所说："我们一年所参与的教育教学方面的培训要远远多于师德师风方面的培训。"从投入基数来看，对专业培育的投入与对道德塑造的投入两者相差甚远，亦不必提师德师风建设的实际收效。

三 微观因素：教师意愿偏低影响师德师风建设

从微观维度来看，教师自身修养能够显著影响新时代师德师风建设，影响的关键着力点是师德师风建设的最终效果。有学者曾言："教师站在学生面前，你自身、你的整个姿态就是课堂影响力的源泉，你就是你的教育学。"[②] 教师作为受教育者成长成才的"重要他人"，不仅通过课堂教学影响着学生知识、技能、情感等多方面能力的生成，更是通过自身姿态、自我人格，时刻发挥着榜样与模范作用，形塑着学生的一言一行。教师自身道德修养指的是教师个人身上所具备和持有的道德品质，是教师在道德层面所开展的自愿、自觉、自动的"自我改造、自我陶冶、自我锻炼和自我培养功夫"[③]，既是教师入行从业的基本要求，又是教师自我发展的基本保障。而师德师风建设实效是通过诸如加强思政教育、提升教师道德、严格教师管理、营造尊师氛围等一系列手段推进后在师德师风建设领域所取得的。恰如拉尔夫·沃尔多·爱默生所言，"我们是什么，我们便只能看见什么"。在师德师风建设领域，教师作为建设主体，其自身道德修养决定了其是否能够自觉树立正确的师德师风认知，决定了其是否主动参与新时代师德师风建设，亦在很大程度上影响着师德师风建设的实际成效。

① 王金平：《胜任力视域下高校辅导员师德师风的建设范式研究》，《黑龙江高教研究》2017 年第 10 期。
② 刘铁芳：《你就是你的教育学：教师的自我修炼》，《教育发展研究》2018 年第 8 期。
③ 罗国杰：《伦理学》，人民出版社，1989，第 456 页。

当前，部分学校教师的道德修养与我国社会发展和教育现代化建设的要求尚存在不小距离。其一，重专业能力、轻自身道德建设的现象频现。在访谈中，多数受访者也深刻反思道："老实说，我个人的确存在'重知识能力，轻道德修养'这个问题，虽然我自认完全遵守了《中小学教师职业道德规范》，但是在知识能力与道德修养的提升上，我确实有所偏向，毕竟现如今的考评体系也是有所偏向的。"（T9）亦有研究者通过调查发现，如今高职院校的教师往往注重自身专业知识与技能的提升，一定程度上忽视了职业精神、职业道德、职业修养等方面的提高。① 而此类现象在高校中表现得也较为明显，以高校辅导员为例，他们大多注重自己的管理、服务、科研能力的提升，忽略了自身人格魅力、思想道德的培育，甚至忽略了自身"三观"方面的塑造提升。② 不言自明，教师自身对道德修养的忽略，会极大地拉低教师心目中师德师风建设的地位，将其不停地后置，带来的结果只会是师德师风建设收效甚微。

其二，重经济利益、轻自身道德建设的现象频现。新时代背景下，面对社会经济成分、组织形式、就业方式、利益关系和分配方式多样化，各种社会思想不断荡涤着教师的思想境界，③ 给教师对崇高师德师风的坚守带来了前所未有的挑战，部分教师受到诸如利己主义、个人主义、享乐主义等社会不良思潮的影响，与淡泊名利的师德师风渐行渐远。例如，教育部于2023年8月公开曝光的第十三批7起违反教师职业行为十项准则典型案例中所提及的大学教师马某某，擅自给他人发放津贴、违规领取管理绩效和教学工作量津贴，恰是盲目追求科研成果、法律意识淡薄、自律意识不强，不注重自身素养的提升和教育教学的实际效果的典型体现。④

---

① 郭勤英：《新常态下高职院校师德师风评价机制的评析与重建》，《教育与职业》2018年第1期。

② 王金平：《胜任力视域下高校辅导员师德师风的建设范式研究》，《黑龙江高教研究》2017年第10期。

③ 于晓红、许纪倩：《大学教师要重视自身的修养》，《中国高等教育》2005年第Z3期。

④ 《教育部公开曝光第十三批7起违反教师职业行为十项准则典型案例》，中华人民共和国教育部，http://www.moe.gov.cn/jyb_xwfb/gzdt_gzdt/s5987/202308/t20230816_1074599.html。

第五章　新时代加强师德师风建设的实践方略

依循新时代加强师德师风建设理论模型的"认知—内容—环境"构建逻辑，不难发现当前师德师风建设主要面临认知、培育、治理、评价以及环境五方面的困境，究其根本，主要受到社会环境、学校管理、教师自身等从宏观到微观的各种因素的影响。因此，新时代加强师德师风建设的具体方略需从认知范畴、内容范畴、环境范畴三个层级，从建设观念、建设目标、建设主体、建设细节、建设管理、建设培育、建设考评、建设空间等八个方面不断完善，实现师德师风建设体系的高质量发展。

第一节　认知范畴：矫正更新师德师风建设观念

任何一种教育制度形态，都需秉承一系列的教育价值观念。在教育观念体系下设计教育结构、塑造教育行动，让全教育领域受到师德师风的价值引导，以平等、参与、包容等价值理念来打造师德师风的价值支撑，让这些价值内化为教育行动主体交流、交往的行动指南。

在师德师风建设领域，建设理念作为师德师风建设的价值连接机制，是新时代师德师风建设价值取向、路径选择以及态度指向的基本依据，秉持优良、先进的建设理念，对师德师风建设制度革新与行动展望具有重要引领与矫正作用。但如前所述，依据社会转型特征，由于市场文化侵蚀与多元文化冲击等问题，目前在师德师风建设中仍存在功利性、工具性、游离性的观念，存在一定的认知偏误与碎片化趋势，师德师风建设的主导理念有待厘清，直观表现为大众对于师德师风建设的看法过于极端，教师参与师德师风建设的主体意识过于被动。因此，针对现存师德师风建设理念存在极端性以及师德师风建设主体意识过于被动的问题，未来应该适时矫正革新并不断丰富建设理念，以更好地指导与激励新时代师德师风建设工作。

一方面，需全面矫正人民对于师德师风建设的共性认知。简言之，当前大众对于师德师风建设的看法过于极端，处于师德师风建设"天秤"的两端，出现了不均衡、不平衡之势，致使广大教师被束缚在崇高或底线两头。例如，"师德师风模范"由媒体传播并塑造后，教师个体某个方面的突出品质在聚光灯下逐步迈向了"道德完美化"，给师德师风模范以及整个教师群体带来了特有的隐性道德压力，把教师塑造成了"高大全"的完人。但是，在教育领域，如果不能有效扭转"师德师风模范"的完美化倾向，一旦这个完美化的化身出现了瑕疵，则会导致整个教师群体完美形象的倒塌；一旦与社会互动缺乏信任的根基，无论师德师风的大厦有多高，最终只不过是累卵而已。基于此，师德师风建设理念的提出与内化，能够让全社会认识到师德师风对于社会连接、社会稳定的战略意义，消除师德师风滑坡对教育心态和社会形态的负面影响，将碎片化的教育重新结合起来。同时，注重新时代师德师风的实践情况，在师德师风的宣传中要分辨清楚部分教师传统的乃至狭隘的价值观念中不符合新时代精神和社会主义核心价值观的部分，以道德主张为准绳，升华传统师德师风建设中依然有借鉴意义的地方，寻求传统与现代的平衡。例如，四川师范大学于 2022 年 11 月为从事教育工作满 30 年的 33 名教职工颁授了"光荣从教 30 年"荣誉证书，充分肯定和感谢他们为教育事业发展所做出的积极贡献，并通过人事处（党委教师工作部）微信公众号对优秀教师的光辉事迹进行展播，给青年教师树立榜样，向全社会人民宣传优秀师德师风模范，提振师道尊严，深化师德师风建设的共性认知。①

　　另一方面，应着力树立教师对于师德师风建设的文化自觉。正如顾明远教授所说，教育犹如一条大河，而文化就是河的源头和不断注入河中的活水②。探讨师风问题同样不能撇开文化，否则只能看到它的表面现象而无法深入其本质，而教师的教育信念离不开他们所处的社会文化。一言以蔽之，对于目前部分教师对于其作为师德师风建设主体的性质认知不够准确、文化自觉程度较低，存在推诿意愿与延宕行为等问题，文化无疑是一种有效的补救策略，因此，通过师德师风建设唤醒教师的文化自觉、重塑教师形象具有重要的意义。所谓的文化自觉是指："生活在一定文化中的人对其文化有自知之明，明白它的来历，形成过程，所具有的特色和它发展的趋向。"③ 师德文化自觉本质是从文化的层面认识教师的师德师风的观念问题，指的是对师德师风的文化认同、师德师风的文化习得以及师德师风的文化反思。为此，未来应通过以下几个程序在师德师风建设中推动教师队伍形成文化自觉。

　　第一，塑造教师关于师德师风的文化认同。"教师作为教育者是居于特定文化情境中，坚守特定文化立场，具备特定文化品位，发挥专业文化引领作用的知识分子群体，是含有特殊社会身份的社会文化代言人。"④ 在师德师风建设中，教师要通过文化来解读师德观念，因此，文化认同是师德观念产生的根源，师德观念具有文化性格。师德观念是教师在教育生活中的一种价值追求，有了这种价值追求便可以摆脱功利的诱惑、庸俗的物质追求。师德师风建设体现的是教师对一种文化的认同，在此基础上，通过文化境界的提升实现一种文化追求，进而达到对师德师风的时代要求。

①　《四川师范大学 2022 年"师德师风宣传月"活动圆满收官》，人民资讯百家号，https://baijiahao.baidu.com/s? id = 1748813530913408865&wfr = spider&for = pc。
②　顾明远：《中国教育的文化基础》，山西教育出版社，2004，第 1 页。
③　费孝通：《文化与文化自觉》，群言出版社，2010，第 195 页。
④　李晓红：《教师教育者的文化人格》，《当代教师教育》2014 年第 4 期。

第二，促进教师师德师风信念的文化习得。"教师的信念都是建立在一定的知识基础上的。"① 师德师风的文化自觉是建立在对文化的认知与内化基础上的，要增强师德师风的文化自信，除了党和国家教育主管部门及学校营造良好的外部环境外，更主要的是发挥广大教师的主观能动性，即教师学习，教师通过广泛阅读，尤其是通过阅读中华文化的经典，增强文化底蕴，丰富师德信念的文化内涵。新时代教师更应该与时俱进，寻找自己的精神寄托，探索师德的文化方向，坚定师德信仰，不断激励、充实、完善自己。

第三，增进教师对师德师风信念的文化反思。教师的师德信念由教师的缄默知识构成，"缄默知识"，顾名思义就是只可意会不可言传的知识，这种知识需要教师不断反思才能获得，需要教师对自己所信奉的师德观念做深入的剖析和判断才能获得。针对当前的师德师风问题，当务之急是广大教师对功利至上、应试至上和工具至上的价值观进行文化反思，确保在全球化进程的文化洪流中保持清醒的头脑，秉承科学正确的师德信念。

第二节　内容范畴：分层推进师德师风建设方案

新时代背景下，师德师风建设体系的组织与重构不仅需要从理论层面进行辨析，更需要在实践中依据时代特征加以认识、完善。由此，为切实推进新时代师德师风建设，培育良好的师德师风，未来师德师风的建设必须不断变革、调整，可以从建设目标设定、建设主体培育、建设细节更新、建设管理优化、建设培育升级、建设考评创新等六个层面来分析并阐释师德师风建设体系方案的详细构成，并依据六大组成部分分层同步推进，促使师德师风建设方案落地、落实、落细，并使之趋向于合理化。

---

① 石中英：《教育信仰与教育生活》，《清华大学教育研究》2000 年第 2 期。

一　对标"立德树人"，树立师德师风建设目标

师德师风建设目标主要回答的是"建设、形成一支什么样的师资队伍"这一基本问题，规定了师德师风建设工作开展过程中各主体活动和组织形式的目标指向，具备全局性、方向性与鼓舞性的特质，很大程度上决定了新时代教育事业与教师队伍建设的发展方向。不断调整并明晰师德师风建设的建设目标，能够在促进师德师风建设充分适应新形势、新任务、新变化的同时，科学、理性、系统地规划教师队伍的师德师风建设；在推进实现在全社会范围内形成尊师、重道的良好氛围的同时，改变"跟着感觉走"和漫无目的的"先试先行"的传统教育改革思路，① 助力新时代教育体制改革。基于对当前面临的认知、培育、治理、评价、环境困境的考量，新时代加强师德师风建设应以"立德树人"为基本建设目标，以人为本，以德为先，牢牢把握师德师风建设的主方向，避免教师队伍建设这一宏大教育改革陷入治丝益棼之境。

之所以选择将"立德树人"作为新时代加强师德师风建设的实践目标，其主要原因有以下两点。其一，"立德树人"，是新时代中国特色社会主义教育思想的有机组成部分。党的十八大以来，习近平总书记多次提及"立德树人"，凸显了党和国家对立德树人工作与任务的高度重视。这是我们党对教育本质认识的进一步深化。② 2017 年党的十九大报告则提及"落实立德树人根本任务，发展素质教育，推进教育公平"；③ 2022 年党的二十大报告再一次重申"落实立德树人根本任务，培养德智体美劳全面发展的社会主义建设者和接班人"。④ 其二，教师

---

① 闫智勇：《现代职业教育体系建设目标研究》，博士学位论文，天津大学，2013。
② 苏国红、李卫华、吴超：《习近平"立德树人"教育思想的主要内涵及其实践要求》，《思想理论教育导刊》2018 年第 3 期。
③ 习近平：《决胜全面建成小康社会 夺取新时代中国特色社会主义伟大胜利——在中国共产党第十九次代表大会上的报告》，人民出版社，2017，第 45 页。
④ 习近平：《高举中国特色社会主义伟大旗帜 为全面建设社会主义现代化国家而团结奋斗——在中国共产党第二十次全国代表大会上的报告》，人民出版社，2022，第 34 页。

是进行道德教育的先行者，是能够先行走出"洞穴"的道德学习者，所以，教师理应是学生道德发展和道德实践的引领者和辅助者。因此，新时代师德师风建设须以"立德树人"为建设的实践目标，以"立德为先"为基准标杆，着力推进教师队伍的道德风尚建设。恰如中国海洋大学在加强师德师风建设的具体目标中所指出的："打造一支有理想信念、有道德情操、有扎实学识、有仁爱之心的高素质专业化创新型师资队伍，全面落实立德树人根本任务。"[①] 具体而言，以"立德树人"为建设目标具备以下两重含义。第一，是理论层面的目标内涵，即主要回答新时代加强师德师风建设的过程中"要将教师培养成什么样的人""教师应该具备什么样的道德品质"这类问题，可以以"全面提升教师队伍的思想政治素养和职业道德水准"为主要理论目标；第二，是实践层面的目标内涵，即如何帮助教师做到立德树人，教师如何形成上述道德风尚，譬如可以通过"构建系统师德师风建设稳定机制""构筑完备师德师风建设制度体系"等实践方式达成实践层面的"立德树人"目标。

具体而言，实现新时代师德师风建设目标，也即"立德树人"目标要做好两个方面的工作。一是要做到多主体参与，尤其是教师和学生的参与和配合。毋庸置疑，新时代师德师风建设的目标必须同时关切教师的道德发展和学生的道德成长两个方面，因为学生的道德成长从一定意义上来讲，是教师参与"立德树人"道德教育实践的有效证明。换言之，在新时代师德师风建设目标的制定、调整和完善的过程之中，目标的制定者都要通过教师和学生的有效参与来决定其后的组织层面、落实层面、规划层面、环境层面等的具体目标和行动准则，而不能由其他任何一个"行动主体"独自决定。以教师在师德师风建设目标设定上的"回避"与学生心智成熟等为理由，而否定、限定教师和学生在师德师风建设目标设定中的参与自由，便是挑战师德师风建设目标的合理

---

① 《中共中国海洋大学委员会关于加强和改进新时代师德师风建设的实施意见》，中国海洋大学，http://www.ouc.edu.cn。

性、科学性和正当性的做法，也否定了教师和学生在师德师风建设过程中的正当需求。二是要做到师德师风建设中实践主体熟知其道德权利与道德义务。对道德建设工作的正确认知，是建设工作开展的必要基础。在师德师风建设过程中，实践主体的权利与义务具有一致性，是相互依存、不可分割的。师德师风建设的实践主体，只有准确知晓并把握了其本身所拥有的道德权利以及所背负的道德义务，才能更好地在享受权利的同时履行必然的义务，更好地服务于师德师风建设工作。以学校教师为例，《中华人民共和国教师法》规定，参加进修培训是教师的一项基本权利，但其同时也要求了教师要不断提高思想素质和业务水平。[①] 由此可见，参加进修培训、实现道德与专业的"双提升"，既是教师的特有权利，也是教师必然要承担的义务。广大教师要明晰权利与义务的统一性，坚守教育信仰，坚定理想信念，以时代规律与诉求为准绳，适时革新教育理念，同时更要坚持"以学生为本""为学生服务"，涵养师德正气，树立道德风尚。

二　聚焦"多元一体"，架构师德师风建设主体

建设主体是指在建设工作中发挥了主要作用、做出了一定贡献的实践个体，其在建设工作中能够充分发挥自身的主观能动性，既是推进建设工作进程的动力源泉，又是提升建设工作体系化、系统性、科学性的重要抓手。依循马克思主义主体理论，又可将主体的基本形式划分为个体主体、群体主体两类，亦可进一步拆解为个人主体、集团主体、社会主体三种类型。[②] 师德师风，是指教师个体的职业道德素质以及由个体职业道德素质所形成的职业氛围和风气。[③] 而所谓师德师风建设，就是在教育领域以"师德师风"为"中轴"的教育形态，强调师德师风建

---

① 刘冬梅、张亚莉：《教育权利与义务的冲突与平衡》，《河南师范大学学报》（哲学社会科学版）2017年第2期。

② 卢彩晨：《高等教育学体系建设：主体、客体及路径》，《江苏高教》2020年第12期。

③ 田爱丽：《我国高校师德师风建设的回顾与展望》，《黑龙江高教研究》2010年第12期。

设中的权利关系和责任形式，在此基础上，展开教育的权利结构的配备、教育制度的设计以及行动方式的选择与执行的过程。因此，师德师风建设的实践主体是对师德师风建设有所奉献的人，绝非单一地指向"教师"自身。

如若把师德师风建设比作一艘航行的小船，依据海上作业的职责来划分师德师风建设主体，结合上文所述，目前的建设主体主要包括"掌舵者"与"划桨者"。"掌舵者"是在师德师风建设领域中最有资格决定方向、把控进程的领导人与决策者，主宰着"师德师风建设之船"的行进方向与前行脉络，目前这一角色主要由党、中央政府和地方政府一同扮演；而"划桨者"则是在师德师风建设领域中依据上级命令，负责主要落实和具体实施工作的执行人和维护者，积极承担了师德师风建设方案的"落地生根"职责，这一角色目前主要由各级各类学校、广大教师扮演。然而，当前师德师风建设主体仍旧存在构成与分工两方面的问题，致使"师德师风建设之船"尚不能够较好地行稳致远、扬帆远航。一方面，当前师德师风建设主体的构成不够丰富。总的来看，虽然已经涵盖了从中央政府、地方政府，到各级各类学校，再到各级各类教师等宏观、中观、微观三个层级的多元化主体，但仍旧忽略了学生、家长以及社会在师德师风建设中的重要作用。另一方面，当前师德师风建设主体的职责不够明确。"掌舵者"与"划桨者"的分工不够清晰，失职、越职、渎职的现象时有发生。例如，作为"掌舵者"的"中央和地方政府"，偶尔以"伸出桨来"的方式"下场参赛"，参与了师德师风建设的细节工作；而作为"划桨者"的部分教师，则由于个人利益纠纷、偏好专业提升等问题，产生了不愿参与师德师风建设工作的不良心态，加强自身道德修养的主动性与自觉性缺失。

为此，为有序推进新时代师德师风建设，强化师德师风建设实效，需聚焦多元一体，架构、形成由多元化角色组成的师德师风建设的一体化实践主体组织。从宏观角度说，参与师德师风建设的教育主体不仅包括教师、学生、家庭、社会，还包括政府、政党、公众及大众传媒等。

因此，师德师风建设的主体应由这些彼此互动的"行动者"们构成，这一点可在社会行动理论中得到印证。行动问题是社会学家讨论的焦点学术议题之一，从德国的社会学家韦伯首次提出"社会行动"之后，现代社会学家帕森斯、当代社会学家亚历山大和吉登斯等人都对行动问题进行过系统的讨论。其中，以帕森斯的社会行动理论最具有影响力。帕森斯认为："社会行动的基本单位是单元行动，由目的、条件、手段、规范这样一些要素构成，每一种行动都涉及主观目的，并构成行动中的意志自主因素。"① 按照他的理论，教育行动应该包含教育行动者、教育行动的目的与教育行动的条件以及教育行动的规范性取向四个方面。在师德师风建设中，不同的教育主体作为行动者存在，而这些行动者的共享观念构成了他们彼此行动的主要目的，教育主体的不同的职业结构构成了师德师风建设的处境或条件，而师德师风建设制度的运行机制亦形塑了师德师风的"规范"。在这些要素的共同运作下，师德师风建设的意义之网进而形成。在这个"意义之网"中，不同的教育行动者以充分行动来推动师德师风建设向前迈进。换言之，师德师风建设是"共同的事务"（Common Wealth），不同的教育主体要依据自身的条件及社会的要求行动起来，厘定不同教育主体在师德师风建设中承担的职责及应该发挥的功能，进而实现不同教育主体功能的互补与对师德师风建设事务的"共治"。而行动者多元化的事实也证明了，现代教育是一种"开放进入秩序"（Open Acess Order）形式。不同的教育主体不仅能够通过自身的力量影响师德师风的有效建设，而且能够通过这种"开放进入秩序"的结构形式在全社会范围内推广师德师风，助推师德师风良好氛围的形成。一言以蔽之，教育中的诸多"行动者"构成了师德师风建设的主体，从传统教育到现代教育的发展过程也是师德师风建设主体不断分化与主体之间关系不断拓展的过程。据此，师德师风建设需要政府、政党、学校、教师、学生、家长、社会组织、大众传媒等多

---

① 刘博：《韦伯、帕森斯、吉登斯社会行动理论之比较》，《社科纵横》（新理论版）2010年第 4 期。

元主体充分履行自身责任，遵循"师德为先""以人为本"的教育理念，以社会主义核心价值观全面引领新时代师德师风建设，以期形成一个目标、管理、信息等高度"一体化"的整合型组织。可以效仿陕西理工大学所拟定的师德师风建设主体构成方案，即采用"建设委员会＋建设小组"的形式，将校党委书记、校长、教工部、党政办、组织部、宣传部、纪委、研工部、学工部、人事处、教务处、研究生院、科技处、社科处、工会、学术委员会等有关部门负责人及教师代表，以及分管人事、教学、科研、学生、工会等工作的负责人和教师代表统统纳入，[①]使其合力承担起师德师风建设"共同事务"的责任，充分调动各界力量协同育人，助力实现以"立德树人"为基准的师德师风建设的根本任务。

三 紧扣"权责统一"，明晰师德师风建设细节

建设内容，意指整个建设工作中的基本要素，主要论述的是建设工作中的建设投入、建设规模、主体构成、项目产出、依托关系等方面的内容。它是总体建设方案的精髓与灵魂，是整个建设工作的"主心骨"与"重头戏"，对整个建设过程起到规定性、决议性作用。在具体部署建设工作前，围绕建设任务与综合改革两条结构主线，通过梳理构建建设内容体系的政治、制度、理论、行动四条逻辑，厘清国家、政府、社会、学校等视角下的建设内容体系构建诉求，依循"理论构建—专家确认—内涵阐释"[②]的基本思路，正式确立每一项建设内容，对总体的建设工作做出、做好基本的指引与规划，明确建设工作的重点和方向。《关于加强和改进新时代师德师风建设的意见》提出，要从加强思想政治工作、提升职业道德素养、贯穿教师管理全过程、营造尊师重教氛

---

① 《陕西理工大学关于建立健全师德师风建设长效机制的实施意见》，陕西理工大学，https://rsc.snut.edu.cn。

② 常大伟：《国家治理现代化视阈下我国档案治理能力建设研究》，博士学位论文，武汉大学，2019。

围、推进建设任务落到实处五个方面加强和改进各级各类教师的师德师风建设。[①] 以上五个方面内容基本呈现了从党中央到各级各类学校再到全社会对于师德师风建设的共识，充分彰显了理论性与实践性的高度统一。但与此同时，我们也应看到，新时代加强教师队伍师德师风建设的认识，仍主要停留于方向性、引领性层面，不够明确、不够全面、不够细化，具体的建设内容尚待理论层面的商榷，具体的建设方案亦尚待实践检验。

基于此，应紧扣"权责统一"原则，不断明晰教师队伍师德师风建设的内容体系。在师德师风建设的场域中，不仅存在政治任务、道德责任，也蕴含着法律责任与行政事务，因此，其复杂性不言而喻。由于师德师风建设的复杂性，不同学科领域、不同行动主体之间的职能存在着不同层次的交叉，这也意味着师德师风建设内容中存在权利和义务的交叉与融合的现象。因此，在师德师风建设的内容方面需要注意以下几个问题。第一，依据教育领域各行动主体的身份与能力确定各自的职责，使师德师风建设的责任与教育行动者相匹配。恰如《西北师范大学预防与处理师德失范行为实施办法（试行）》中所指出的，"各学院、各单位对教师师德建设负主体责任，各基层党委（党总支）、各单位党政主要负责人对本单位教师师德建设负直接领导责任"，[②] 需确保师德师风建设任务在教育行动者的能力与责任范围之内。第二，厘清师德师风建设不同内容之间的联系与区别，防止出现教育行动主体承担的职责混乱之状，避免影响履责与问责的针对性。第三，高度坚持"权责"一致的基本原则，以免出现"有责无权"或"有权无责"导致的对行动主体的消极影响。第四，完善师德师风建设评价体系，根据各行动主体的差异性建立不同的问责机制，防止师德师风建设制度与政策成为一纸空

---

① 《教育部等七部门印发〈关于加强和改进新时代师德师风建设的意见〉的通知》，中国政府网，http://www.gov.cn/xinwen/2019-12/16/content_5461529.htm。

② 《关于印发〈西北师范大学预防与处理师德失范行为实施办法（试行）〉的通知》，西北师范大学，https://lyxy.nwnu.edu.cn/2023/0905/c7645a216074/page.htm。

文。当然，在"权责统一"的师德师风建设实践中，其内容不仅仅是宣扬道德知识，即师德的概念、规则、规范等。因为这种道德知识往往抽去了主体生命表征的内容，它无视人的情感和态度，鄙视直觉与体验，它将活生生的、有血有肉的人放逐出外，以显示它的客观和科学。① 与此同时，还应不断拓展师德师风建设的内容。从国际视角来看，探索教师职业伦理规范的建立、细化与拓展师德师风建设的内容与规范是一种极具世界性的做法。譬如，1954 年在莫斯科颁布的《国际教师团体协商委员会教师宪章》从仁慈纪律、培养学生道德意识、独立判断能力等方面提出了各个国家的教师都应该遵循的几点规范；1968 年美国颁布的《教育专业伦理规范》强调了教师在职业活动中必须恪守自身的职业伦理准则，提出教书育人才是教师们的道德责任；1997 年法国国民教育部的教学大纲亦明确指出，"教师应该是一种具有严格职业界限的工作，道德教育是每一名教师义不容辞的工作"。② 师德师风的建设不仅要使实践主体明白师德是什么、师风是什么，什么是社会所认可和期许的师德师风，还应通过师德师风的建设使实践主体知晓自身应该是怎样的、如何让自己过一种有德的生活和好的生活，以及如何达致可能的道德生活。教师和学生等实践主体对于可能生活的原则坚持的过程，坚持对"权责统一"的追寻过程就是师德师风建设内容不断得到落实的过程。

四 厚植"高效智能"，加强师德师风建设管理

建设管理，主要指的是一般项目的构建与治理工作。在师德师风建设领域，是指对教师队伍师德师风建设的全寿命、全生命周期管理过程，具体涵括师德师风建设的组织设计管理、落地运行管理、监督评价管理等，贯穿师德师风建设全过程。以"集约一体化"理念为指引，做好建设管理工作，能够加强对某产品（项目）的综合利用，促使其

① 鲁洁：《边缘化 外在化 知识化——道德教育的现代综合症》，《教育研究》2005 年第 12 期。
② 曲晶：《国外教师职业道德规范建设概况及启示》，《黑龙江科学》2017 年第 16 期。

为建设目标的实现充分发挥应然效用，并能够使管理过程逐步覆盖建设的各个环节，助力实现效益最大化。与之相适应的，做好教育范畴下师德师风建设管理工作，通过治理体系与治理能力的现代化，部署好师德师风建设的决策期、施行期与反思期，有助于实现师德师风建设升华。着眼当下，目前师德师风建设管理中主要存在师德师风规划设计不合理、师德师风监督约束不到位、师德师风舆情应对不及时等问题，主要表现在三个方面。一是在制度设计上，建设管理主体的主动性不强、对师德师风建设的管理性不足、整体号召力不够。二是在监督评价上，暂未形成"由学校、教师、家长、社会等构成的全方位、多主体、时时、处处的师德师风监督体系"[1]，没能充分发挥学生家长、校外主体舆论监督作用。三是在舆情应对上，目前的管理体系对于不良师德师风行为与影响的应对度不高，处理有所滞后；应对反应力不强，处理失之偏颇。

新时代加强师德师风建设工作，应厚植"高效智能"，强化建设管理工作。师德师风建设关键在于各级教育行政管理部门的建设。将师德师风建设的任务融合进不同行政管理过程，从政策的决策到政策的执行，从政策的执行到政策的评价反馈，通过优化教育管理体系化解师德责任与管理结构之间的张力，使教育管理部门既能从纵向上处理好与上级之间的关系，又能从横向上处理好与其他教育主体的关系。譬如，可以学习北京大学在师德师风建设工作中采取的"统一部署、分级实施"的管理模式。学校成立师德工作委员会及相关工作机构，负责制定学校师德教育的总体原则、规划、目标、要求以及具体实施工作。校内各院、系、所、中心根据教师队伍建设实际情况，明确本单位师德建设责任主体，负责组织本单位教师师德培训、社会服务等相关教育活动，及时了解教师的思想动态，关注他们的发展诉求和价值愿望，一同做好师德师风建设的考核和鉴定工作。[2] 在此基础上，还要处理好对师德师风有影响的社会、市场及公众舆论等因素。在政策制定的基础上完善监督

---

①　徐荟华：《高校师德师风研究的热点内容分析》，《江苏高教》2019 年第 12 期。

②　《北京大学师德教育实施办法》，北京大学，https://hr.pku.edu.cn。

机制，保证师德师风建设工作的完整性。未来新时代师德师风建设应秉持"高效智能"原则，强化建设管理工作。可以从制度机制、监督机制与应急机制三方面入手，改进综合管理机制，提升整体治理能力。

其一，师德师风建设的制度机制主要涵盖建设方案制定与落实两个方面。如果将师德师风建设看作一个系统，那么这个系统的一个主要特点是多层次性。系统论原理告诉我们，不同的子系统、各个方面之间，需要保持和谐一致的状态，避免相互冲突造成危害。可见，师德师风建设结构的塑造包含很多种关系，例如，学校与社会的关系、教师与公众的关系、宏观调控与市场经济的关系等。为了保证师德师风建设大系统有序运转以及内部的各子系统彼此步调一致，就需要权责分明，按照"有权必有责、有责必有权"的原则来配置权利和责任，根据不同教育行动主体的作用来理顺彼此的责任。

其二，师德师风建设的监督机制。教育政治策略的监管督促以及掌控统称为教育政治策略的监督控制。教育政治策略的监督控制指的是教育政治策略的监督控制这个主要物体，根据一些法律上的教育规定或准则，对教育政治策略的确定、实施、评论还有最后的活动采用的监视督促，是所有的教育政治策略体系中绝对不可缺少的一环。[①] 针对师德师风建设工作在落实过程中的偏差问题以及显现出的其他诸多问题，下文从监督机构、监督者、公众和传媒等三方面提出一些可行性对策。第一，保证师德师风建设工作监督机构的独立性，防止"踢球者也是裁判者"。中国古代监督机构的一个最大特点就是它有相对独立性，而相对独立性是有效监督的基础和保障，权力的强制性要求有权力的监督机关和主体间必须是相对独立的，不然会出现"墙头草，随风倒"的不良现象，致使监督对权力的制约缺乏强制性，更甚者导致权力和监督本末倒置、混乱不堪，使监督主体变成权力的附属品。[②] 第二，师德师风

[①] 张乐天：《教育政策法规的理论与实践》，华东师范大学出版社，2006，第 226 页。

[②] 周晓红：《我国政策监控存在的问题及对策分析》，《黑龙江教育学院学报》2006 年第 4 期。

建设工作监督者素养的提升。在我国"依照法律治理国家，依照法律治理教育"这个先行条件下，教育政策监督者更应该具备法律知识、政策知识，绝对不可以随意按照自己的想法行动。为此需要为教育政策监督者的素质制定资格标准并对监督者进行系统培训，在各个流程上都要注重监督人的素养提升，做到依照法律进行监督控制。第三，优化大众传媒以及人民群众的作用，对师德师风建设工作进行科学的监督与管理。群众这个大群体，观察事物更全面、更入微，这是其他监督主体所无法比拟的。一方面能够促使政策制定者、执行者有效制定和执行师德师风建设政策；另一方面能够取信于民，反映民众的意愿，使教师个体利益和群体利益都得到保护。因此，应积极主动地利用舆论进行监督、敦促、管理，以促进师德师风建设顺利进行，并推动师德师风政策的制定和执行，使之逐渐完善，从被动转向主动。

其三，师德师风建设的应急机制。可以通过设立线上线下相结合的校长信箱、校长微博等官方的、公开的智能化处理平台，直面师德师风舆情；[1] 针对舆情立即启动调查程序，及时发布处理结果、纠正不正之风。

五　着眼"长效优质"，优化师德师风建设培育

"培育"的基本含义主要是指，使事物由幼稚弱小逐渐成长成才的动态过程。拓展到教师培育上，主要指的是，以某些方式、方法促使教师教育教学经验由零散到系统、由感性到理性、由具体到一般，[2] 促使教师综合能力由弱到强，促使教师道德文化生态由萌芽到成型的这一过程。总的来说，主要有以下两层含义：一是教师教育，教师教育是教师培养的开端与基础，通过创办高水平、有特色的教师教育院校、师范专业，成体系、有规模地开展教师教育；二是教师培训，教师培训是教师

---

① 和震、王羽菲、柳超：《我国职业学校师德师风建设的现状与对策》，《现代教育管理》2022 年第 11 期。
② 李方安：《论教师培育研究》，博士学位论文，华东师范大学，2008。

培育的延伸与拓展，需有科学的在职教师教育机制做保障，包括教师职务培训、校本培训等。① 教师培育是贯穿教师尚未进入教育系统，以及进入教育系统，甚至是离开教育系统后这一全过程的持续性的教育培训工作，是从源头上以及从支流中加强教师队伍建设，造就师德高尚、结构合理、业务精通、能力高超的教师队伍的重要举措。开展教师培育工作，即教师教育培训工作，能够在显著提升教师专业水平、综合能力的同时，贯彻落实师德师风教育新要求，实现教师专业发展与个人道德规范的协同提升。

师德师风建设工作终究是要落实到教师个人身上的，需要广大教师通过内化个人道德修养，形成内在的道德认知、道德自信与道德意志，在日常的教育教学、学术研究与社会服务的过程中做出符合道德规范的正确选择。② 教师培育以职前教育、职中培训、职后引领为基础，通过师德师风建设开展教育推进行动、教师培养层次提升行动、教师素质提高行动、生源质量改善行动、"互联网+教师培育"行动、教师教育改革试验区与基地建设行动、学科专业建设行动等十条行动计划，③ 着力培育师范生与在职教师的职业认同感与社会责任感，进一步增强师德师风教育的实效性。然而，如前所述，目前师德师风的培育体系仍然存在可以进一步完善的空间，具体问题表现为培育内容的学究化、培育方式的单一化导致培育结果的表面化、形式化与低效化。因此，基于所构建的师德师风建设三维理论模型中的任务型培育、规范型培育、自觉型培育三个阶段，未来应采用从"源头"入手且不放过"支流"的多管齐下培育方式，着眼"长效优质"，优化起始性的教师教育与中段型的教师培训，真正做到职前与职后一体化、理论与实践一体化、教育与培训

---

① 顾志红：《新课程的教师培育——以苏州市 W 区为例》，硕士学位论文，华东师范大学，2003。
② 吴小艳：《新时代上海高校师德师风建设研究》，硕士学位论文，上海外国语大学，2021。
③ 《教育部等五部门关于印发〈教师教育振兴行动计划（2018—2022 年）〉的通知》，中华人民共和国教育部，http://www.moe.gov.cn/srcsite/A10/s7034/201803/t20180323_331063.html。

一体化，[1] 着力提升教师培育质量。

第一，在培育内容上，要突出教师培育的"五大属性"，做好教师培育的"五项革新"工作。其中，"五大属性"主要是指政治、理论、情感、技能和社会属性。在政治属性上，要求在教师师德师风培育中注重政治理论学习，强调塑造教师的大局意识，统一教师的思想认识。[2] 在理论属性上，应着重夯实师德师风教育培训内容的理论基础，以诸如马克思主义师德师风观、中华优秀传统文化的师德师风观以及中国共产党重要领导人关于师德师风的重要论述等为根基，从根源上提升师德师风教育培训质量，[3] 加强师德师风培育的理论性与学理性。在情感属性上，在教育培训中融入教育家精神与教育学人情怀，激发教师的"学生情""社会情""职业情"，以情感的力量增强教师的立德树人能力，唤醒教师的教学育人情怀。在技能属性上，通过教师培育训练教师诸如课堂管理能力、人际交流能力和教育技术应用能力[4]等综合技能。在社会属性上，恰如新加坡所施行的全日制"双发展"教师培育模式（PP模式），要求教师具有献身教育的热情，并具备对社会问题的发现意识及敏锐性、批判性思维、适应能力等，[5] 在师德师风建设中，也应巧妙融入这点，使教师由"学校人"成长为合格的"中间人""教育人""社会人"。与之同时，亦应做好以下五个方面的革新工作，即积极创新优化教师的师知（知识底蕴）、师爱（情感力量）、师品（道德垂范）、师能（行为技能）与师风

① 王鉴、张盈盈：《新时代我国教师教育高质量发展的逻辑与路径》，《重庆高教研究》2023年第1期。
② 段晓芳、戴贝钰：《高校师德建设与大学生思想政治教育相关度研究》，《学校党建与思想教育》2016年第5期。
③ 彭琛琛：《新时代我国高校师德师风建设研究》，硕士学位论文，西北师范大学，2020。
④ Deng. Z., Gopinathan. S., "Continuity and Change in Conceptual Orientations for Teacher Preparation in Singapore：Challenging Teacher Preparation as Training," *Asia-pacific Journal of Teacher Education and Development* 31（2003）：53.
⑤ 李盛兵：《新加坡教师教育：模式的变革与创新》，《华南师范大学学报》（社会科学版）2022年第3期。

（优良做派），基于"教育者先受教育"的准则，促使教师成为一个健全的教育者。譬如，北京大学科学系统地将师德师风教育贯穿教师职业生涯的全过程，根据职业生涯不同阶段的特点和需求，有针对性地确定师德师风教育的主题和内容。其师德师风建设内容，主要涵盖对师德师风的内涵解读、社会主义核心价值观、相关法律法规、师德师风先进事迹、心理健康等方面，[①] 兼具师德师风建设的政治、理论、情感、技能和社会"五大属性"。

　　第二，在培育方式上，要注重将理论与实践相结合，将被动教育与自我教育相结合。师德师风教育培训本身就是"一个道德体验、道德践履、实践感悟的过程，即师德、知、情、意、行综合修炼的过程"[②]。可以借鉴与效仿国外的教师在职进修和培训方式，通过实现教师进修制度化、进修机构专门化，制定鼓励进修政策等方式——如法国规定小学教师每 6 年脱产进修 12 周，教师终身进修培训；日本把教师进修所得的学分和学位作为晋级提薪的参考依据；[③] 德国教师必须经过专业学科考试和基础学科考试、获得教学经验和技能、经过试用等[④]——实现教师进修目标的立体化、内容的体系化、方式的多样化与效果的可视化。在制定培育方案时，不能光靠"嘴巴讲述"，要"动手创作""用脚丈量"；不能仅依靠被动的他人教育，更要发挥自身的主动性，适时开展自我批评与自我教育，避免将师德师风建设浮在半空之中，应以实际行动将师德师风建设落到实处[⑤]。例如，师德师风教育培训可以走出死板枯燥的课堂，以生动具体的课堂观摩、模范分享、讲座宣讲、实地参观、实习学习、文化交流等多种方式进行，促使教师在实践场域中将所观、所感、所悟转变为自身的知识，[⑥] 并基于此将自身对师德师风的认

① 《北京大学师德教育实施办法》，北京大学，https://hr.pku.edu.cn。
② 戴双翔：《师德培训的核心原则：激发与传递感染力》，《教育科学研究》2016 年第 3 期。
③ 王颖：《国外培养教师职业道德的做法和启示》，《社科纵横》（新理论版）2010 年第 4 期。
④ 王天一等：《外国教育史》（下册），北京师范大学出版社，2001，第 79 页。
⑤ 冯思宇：《中学师德师风建设研究——以重庆市铜梁 B 中学为例》，硕士学位论文，重庆师范大学，2019。
⑥ 郭中华：《文化回应型教师培育的国际经验和镜鉴》，《当代教育科学》2021 年第 5 期。

知转变为自主践行师德师风的行动。

六　围绕"德以配位"，改良师德师风建设考评

考评是准确衡量与科学评价的科学系统过程，主要会经历"历史脉络—行进脉络—现实困境—路径重塑"四个阶段。而师德师风建设考评就是明确师德师风建设实现程度的一个过程，即在相关政策制度指导下，研判为达成师德师风建设目标而施行的各种建设手段的实效、完成建设任务的实状以及建设水平提升情况、效益产出状况的一个过程。师德师风建设考评作为新时代师德师风建设管理中的一个不可或缺的重要环节，是新时代师德师风建设的重要"指挥棒"与"风向标"，亦是提升师德师风建设质量的关键之举。完善师德师风建设考评体系，能够在引领师德师风建设正确方向的同时，激励教师担当责任，激发全体教师队伍"立德树人"的主观能动性，并为未来教师队伍发展提供持续性依据。如前所述，结合师德师风理论模型中的"奖惩型评价—绩效型评价—发展型评价"三个维度，审视目前的师德师风建设考评体系，可以发现，其主要存在考评标准陈旧老套、考评主体单一封闭、考评方式效率低下等三点不足。对标以上三点，未来应围绕"德以配位"，严格落实"师德师风第一标准"理念，从考评主体、指标、方式三方面着手，改良师德师风建设考评体系。

第一，协同考评主体。一方面，要协调各方主体。师德师风建设工作有效开展的基本前提在于确保各责任主体即培育、治理和评价三方主体的有机联动，实现一体化协调推进。所以，在师德师风分层治理的各个阶段，相关责任主体应突破专业界限和科层壁垒建立互动机制。在此意义上，成立三方协同的师德师风治理部门，优化师德师风建设体系，共同致力于师德师风建设的改进和发展。在三方协同的师德师风治理部门的共同治理下，科学规划和设置整体性和分层性、衔接性相结合的一体化师德师风建设目标，并在一体化师德师风建设目标的引领下，突出各阶段建设重点，打造相互融通的一体化师德师风建设内容体系，以此

实现师德建设模型中所希冀达成的一体化师德师风建设协同发展的育人格局。另一方面，要增加考评主体。厘清师德师风建设考评工作中的主体责任，将中央政府、地方政府、学校、教师、学生、家长、企业、社会机构、群众等多元主体进行合理划分，归入主导性主体、监督性主体与参与性主体三个范畴，并制定相应的考评制度，促使各个主体肩负起隶属于自身的考评监督责任。例如，获评首批"江苏省师德师风建设宣传基地校"的兴化市戴南中心小学所建立的师德师风建设考核机制，正是充分协同学校与家庭等考评主体的优秀范例。学校会在每学期期末组织教师、家长与学生对全体教师开展师德师风考核工作，并将师德师风考核结果作为教师绩效考核以及职务评聘、评优晋级、岗位聘任等的重要依据，旨在以师德师风考核激发广大教师教书育人的职业责任感和自豪感，提高家长和学生的满意度。①

第二，明晰考评指标。各方考评主体可将师德师风建设的指标体系与教师专业能力发展指标相结合，并做到相互印证、明确表述，坚持"德以配位"的原则，构建与教师专业化能力发展相配合的师德师风考评体系。如在新手阶段，教师显著的特征是谋生和适应职业要求。此时的师德师风建设，无论是职业生涯中个体德性的培养还是对职业道德规范的遵守均可与一些涉及教师职称评定、教师专业发展等的"硬性指标"结合，在此基础上依靠专业能力构建促进师德师风建设这一"软性指标"的有序达成。例如，根据《中国海洋大学师德考核办法》，师德师风考核指标主要包括坚定政治方向、自觉爱国守法、传播优秀文化、潜心教书育人、关心爱护学生、坚持言行雅正、遵守学术规范、秉持公平诚信、坚守廉洁自律、积极奉献社会等方面，教师师德师风情况被作为教师选聘、人才引进、职务晋升、职称评审、岗位聘用、导师遴选、评优奖励、人选推荐、项目申报、聘期考核等的首要要求和第一标准。②

① 《兴化市戴南中心小学获评首批"江苏省师德师风建设宣传基地校"》，兴化日报，http://epaper.xinghuanews.net/Article/index/aid/7272302.html。
② 《中国海洋大学师德考核办法》，中国海洋大学，https://cmls.ouc.edu.cn。

第三，优化考评方式。师德师风建设考评需要打破以往"终结性考评"方式，坚持以建设事实为依据，将定性与定量考核评价相结合，将"过程性评价"与"增值性评价"相结合，提高考评的科学性、系统性与实效性，全面客观地评价各级各类教师的师德师风表现。除此之外，师德师风建设有不同的层次，正如"不可能人人皆为尧舜"一样，师德师风建设必然要面向不同层次的教师，师德师风建设考评的方式也要相应地进行分层设计。新时代改良师德师风建设考评体系还应注意研究和分析某一区域、团体教师队伍或者教师个体的道德基本上处于哪一层次（任务—管控—奖惩型模式、规范—管理—绩效型模式、自觉—善治—发展型模式），进而相应地采用形态各异的、有区分度的考评激励方式。例如，在师德师风建设模型的初级阶段，各方主体应多采用规范性指标，特别是依照法律法规来要求教师道德行为。如依据《研究生导师指导行为准则》《中小学教师违反职业道德行为处理办法》，采取强制性手段规定教师必须遵守最低道德要求，对违反相关法律法规的"失德"行为要采取强制手段，依法追究其法律责任。而在师德师风建设的第三层次上，这一阶段的教师道德发展具有自觉性和自愿性的特征，如若采取强制原则或者工具性原则，反而将会打消他们自我道德发展的积极性。恰如波特所言，"一个人在做出了成绩后，将得到外在和内在的双重报酬，且工作和报酬的效价越大，其吸引力就越大，这时激励教师积极性的作用就越大"。① 为此，各方考评主体更多采用激励性和奖励性措施将是卓有成效的。

第三节 环境范畴：奋力营造师德师风建设空间

建设环境是师德师风建设方案之外的所有要素之和，是师德师风建设部署及发展的基础条件，对于师德师风建设起到奠基与形塑作用。良

---

① 吕狂飚：《警惕从崇高师德简单转向底线师德》，《中国教育学刊》2018 年第 11 期。

好的师德师风建设环境有助于建立友善的师德师风建设主体关系，而友善的师德师风建设主体关系则会反过来推动师德师风建设环境的改善，同时，良好的师德师风建设环境与友善的师德师风建设主体关系的紧密结合则能够促进新时代师德师风建设工作的持续推进与发展。恰如前文所总结的，从师德师风建设环境这一角度来看，目前我国师德师风建设的外部与内部整体环境亦有待完善：一方面，外部社会大环境遭到西方不良文化思潮、市场经济阻生因素、互联网娱乐文化等的影响；另一方面，内部学校小环境亦存在"轻视主义""形式主义""简单主义"等不良倾向。社会治理视角下的师德师风建设是公共生活的重要内容，具体可以理解为涉及师德师风的家庭、社会、教师全体总动员，以生活化的方式解决师德师风问题的过程，需以"公民"师德补偿"私民"师德，拓展教师的"私域生活"，使其走向"公共生活"。因此，未来应从建设环境的多个维度入手，依靠"多种进行统治的以及互相发生影响的行为者的互动"，[①] 从社会、学校、家庭、互联网等多角度奋力营造优良的师德师风建设环境。

一 社会营造：在全社会范围内形成尊师重道的优良氛围

随着全球化与经济市场化的发展，也伴随着政治民主化和文化多元化，师德师风的概念、形态以及具体道德边界、建设方法等都发生了翻天覆地的变化。尤其在全面推进"新时代中国特色社会主义"的伟大进程中，教师的师德师风建设也被纳入了全面社会治理的综合体系当中，成为一个纷繁复杂的系统工程。西方社会学理论指出，社会转型期因人类社会最重要的社会联结机制——中间组织的解体或缺失，而产生个体孤独、无序互动和道德解组、社会失范等社会危机。[②] 这或许可以对师德师风建设提供一些启示，即面对当前我国社会转型过程中出现的

---

① 〔英〕格里·斯托克、华夏风：《作为理论的治理：五个论点》，《国际社会科学杂志》（中文版）1999 年第 1 期。

② 田毅鹏、吕方：《社会原子化：理论谱系及其问题表达》，《天津社会科学》2010 年第 5 期。

师德师风失范问题，我们可以通过社会秩序的重建——把师德师风建设置于国家内部治理之中，使之成为国家治理体系中的一个子系统，使之常态化而成为一种"公共生活"，来缓解个体性与社会性的矛盾，实现二者的和谐统一。具体而言，则是在大力保护各级各类教师个体性合法权益的基础上，加强全社会范围内对尊师重教观念的宣传引导，加大社会舆论监督的力度，宣传和推广集体主义精神，培育新时代"四有"好老师。

一是基于师德师风建设现实，加强以"各级各类先进模范教师的作为与事迹"为主题的艺术创作与传播。"大力加强新时代题材创作""坚持在火热生活中汲取艺术创作营养""将'身入''心入''情入'落到实处"[1]。在师德师风建设方面，亦需坚持在教师"火热的"教育教学过程中汲取艺术精华，可以借鉴四川美术学院的做法，其以师德师风教育为主题，以中国传统艺术创作方式"中国画"为手段，以弘扬优良德师风为内容，开展创作活动，[2] 并通过大众广泛接受的短视频、公众号推文、微博软文等新媒体形式，多元呈现大中小学教师的正面形象，着力展现新时代师德师风建设的伟大实践，为在全社会范围内大力弘扬先进师德师风提供丰富素材。二是采用双线模式（线上+线下）积极宣传师德师风典型，营造以"尊师贵教"为主线，方向明晰、声势浩大、氛围浓厚的优良社会环境。线下可以"活动宣传"为主，因地制宜、因时制宜地举办师德师风讲演大赛、教师工作叙事大赛、师德师风模范报告会、典型事迹宣讲会等宣传活动。同时，线上则可聚焦于"主题宣传"与"典型宣传"，通过广播、展示屏、新闻网、短视频、公众号等新旧结合的全媒体形式，以多元立体的师德师风宣传形式，较为广泛地挖掘与发扬师德师风建设中积极奋发的精神元素。陕西

---

[1]　《文化和旅游部：大力加强新时代题材创作》，中国政府网，https://www.gov.cn/xinwen/2023-01/11/content_5736185.htm。

[2]　《中国画系党总支开展"品德归真——中国画系师德师风主题创作展"作品指导》，四川美术学院，https://www.scfai.edu.cn/info/1124/20790.htm。

师范大学恰是践行师德师风宣传"双线模式"的模范,其将每年九月作为"师德师风宣传月",并积极利用学校主页、校报、电视台、官方新媒体等平台,策划组织系列宣传活动,大力宣传教师典型事迹,营造崇尚师德风范、争做师德典型的良好氛围。①

二 学校重视:从学校自身出发做好建设的后勤保障工作

教师内在修养在传统的师德师风场域中,总是以"道德圣徒"的形象呈现,教师的内在修养就是"道"的内化,教育家夸美纽斯更是喊出了"太阳底下没有比教师这个职业再高尚的了"② 这一时代强音。而学校作为教师赖以生存与使命延续的重要场域,亦是师德师风建设的主要场所,其中的规章制度、环境设施、精神文化等均会影响各级各类主体开展师德师风建设的意愿与具体参与水平。因此,优化新时代师德师风建设,需从学校自身出发,做好相应的校园后勤保障工作,为师德师风建设奠定坚实的物质和精神基础。

其一,从物质层面来看,须努力提升教师的工作生活待遇。对于教师,我们总冠以"蜡烛""灵魂的工程师""春蚕"等圣人化的称谓,这些也是教师内心世界的映象。诚然,教师也是普通平凡的具有社会属性的人,其所拥有的工作生活条件,在一定程度上不仅会影响教师个人职业选择的观念态度,而且会影响教师参与师德师风建设、形塑自身道德修养的意愿水平。因此,构建合理、科学且富含吸引力、竞争力的教师社会保障制度体系,从教师的工资收入、生活补助、住房保障、社会保险、医疗保障、职工津贴、福利待遇等多个方面入手,通过构筑教师合法权益保障体系、优化教师薪酬制度、拓宽教师晋升渠道等方式,为大中小学教师创设更加舒适的工作、生活环境,有助于提升各级各类教师的整体职业期待,亦能够确保教师在"立德树人"的途中没有后顾

---

① 《陕西师范大学强化师德师风建设》,中华人民共和国教育部,http://www.moe.gov.cn/jyb_xwfb/s6192/s133/s217/202007/t20200724_474738.html.

② 谢延龙:《教师道德发展的身体沉沦与救赎》,《当代教育与文化》2019年第1期。

之忧，确保教师在师德师风建设中发挥最大的主体性效力。

其二，从精神层面来看，须主动创建尊师重教的学校环境。学校环境具备显著的隐性育人优势，蕴含着丰富的教育资源，具有重要的、隐性的教育价值，①更是塑造师德师风建设内聚力的关键抓手。在师德师风建设过程中，要注意发现师德师风建设过程中校园内部、学生心中的真人、真事，大力宣传师德师风建设的好经验、优事迹、良方法，发掘好、把握好、利用好这一隐性资源，构建师德师风建设的文化共同体，并将此类校园文化共同体精神转化为师德师风建设的新动能。譬如，清华大学便通过持续组织"清华大学突出贡献奖"评选活动，设立新百年教学成就奖和年度教学优秀奖，激励广大教师争做为学、为事、为人的典范。此外，亦通过建设清华教师信息数据库的方式，为优秀教师推选及做好个性化教师服务奠定坚实基础。与之同时，在举办学校开学典礼、毕业典礼，举行学年度升国旗仪式等重要活动时，邀请在教书育人、"三全育人"中工作突出的教师职工代表参加，②从学校层面进一步加大了对师德师风模范的宣传力度，讲好、讲深、讲实了清华师德师风故事，充分发挥了优秀教师的引领作用。

三 家庭作为：以家庭为出发点根植尊师敬师的优良传统

诚如习近平总书记所强调的，"不论时代发生多大变化，不论生活格局发生多大变化，我们都要重视家庭建设，注重家庭、注重家教、注重家风，紧密结合培育和弘扬社会主义核心价值观，发扬光大中华民族传统家庭美德，促进家庭和睦，促进亲人相亲相爱，促进下一代健康成长，促进老年人老有所养，使千千万万个家庭成为国家发展、民族进步、社会和谐的重要基点"③。随着《中华人民共和国家庭教育促进法》

①　项红专：《文化育人：背景、意涵与路径》，《教育科学研究》2018年第8期。
②　《清华大学大力加强师德师风建设》，中华人民共和国教育部，http://www.moe.gov.cn/jyb_xwfb/s6192/s133/s136/202205/t20220517_628199.html。
③　《中共中央 国务院举行春节团拜会》，《人民日报》2015年2月18日，第1版。

的颁布，家庭教育已从微小"家事"上升为宏大"国事"，"家教"（家庭教育）与"学教"（学校教育）同向同行、合力育人已成为新时代的新趋势。与之相应地，在师德师风建设中，不论是作为师德师风建设主体的教师的家庭教育，抑或作为师德师风建设客体的学生的家庭教育，家庭均扮演着不可替代的重要角色。

一方面，家庭或家族是教师个体终其一生的寓所，也是师德师风建设中一个不可或缺的元素。教师家庭的生存状态和价值追求关系着教师个体的荣辱观，也关系着师德师风伦理系统的建设发展。从形而上的意义上来说，对于师德师风建设，家庭是目的也是手段。说其是目的，是因为它是历代仁人志士的终极追求；说其是手段，是因为它是师德师风建设的推进器，也是师德师风问题的减震器。因此，在新时代师德师风建设中，教师的家庭、家风建设仍是不可忽略的重大课题，仍需注重教师的家庭、家教与家风，使千千万万个小家庭成为尊师重道的重要基点。另一方面，一个家庭中家长的言语与行为，对待老师、学习、学校以及教育的态度，很大程度上影响孩子对待教师、学习、学校的态度，进而影响教师立德树人的积极性、教书育人的信念感以及形塑自身师德师风的主动性。因而，在新时代家庭教育中，应融入关于读书明理、崇智尚学、尊师重教的教育内容，在孩童心里埋下尊师敬师的种子，着力培养正向情绪价值的提供者和拥有家国情怀的高自尊者；[①] 同时，应积极建筑教师与家长平等和谐互动的平台，一同依据家校合作"施工图"，深化家校合作。

四 信息助益：借助网络互联弥补传统师德师风建设缺陷

中国传统师德师风建设与中国传统文化水乳交融，而中国传统文化的产生与发展都根植于特定的自然环境和社会环境。在传统社会，大陆性地缘造就了相对封闭的自然格局，小农经济支撑了农业社会基础范

---

① 丛玉燕：《大五人格因素模型视域下的家庭教育路径研究》，《教育理论与实践》2023 年第 7 期。

式，宗法制度维系了社会秩序结构①，在这样的自然环境和社会环境下的师德师风建设仅限于教师自我反思和秉持道德操守，与丰富的社会实践似乎"风马牛不相及"，同时，也形成了以依附性、内省性、精英性为特征的师德师风建设模式。进入现代社会，"'网民'成为'民'的基本形态及现代社会的重要组成部分"②。相应地，师德师风建设由"线下"之师德师风向"线上"之师德师风进行倾斜与拓展。在信息网络新时代，传统社会的"臣民"向"网民"转变，师德师风建设也被普遍打上"网络"的烙印。因此，新时代师德师风建设不再只是塑造传统农耕文明时代的"臣民"师德师风或叫"近距离师德师风"，更要实现"信息文明"时代的"远距离师德师风"或叫"网民"师德师风建设。诚然，我们更需意识到，"互联网"作为一把集"世界性、多元性、个体性、自由性、他律性、简单性"③等多元特质于一体的锋利双刃剑，它给师德师风建设既带来了机遇，也带来了挑战。

首先，需克服互联网自由性与约束性之间的矛盾对师德师风建设的影响。"在信息时代和新媒体时代已经到来的时刻，多元、多样、多变的网络社会与社会稳定、有序、和谐的现实要求之间存在永恒的张力和冲突，互联网成为影响精神文明建设和社会稳定的'最大变量'。"④在虚拟的网络世界，"人就有可能失去理性，不负责任，就可能会产生很多冲动、放任甚至攻击性行为，从而产生了自由性与约束性的矛盾，甚至导致自由主义泛滥成灾"⑤，失去约束力。因此，师德师风建设面临着既要充分保障教师们自由发展的权利，又要保证发展中有约束、有责任的挑战。在瞬息万变的师德师风建设实践中，这一挑战只能通过不断革新优化相应举措来应对。

---

① 孙泊：《论传统道德修养模式的现代转型》，《广西社会科学》2016年第11期。
② 蒋艳艳：《互联网时代公民道德的生成逻辑》，《社会科学家》2016年第11期。
③ 吴灿新：《互联网时代道德建设的优势与难题》，《广东社会科学》2016年第5期。
④ 张齐武、徐燕雯：《网络空间核心价值观安全问题研究——基于自由与秩序视角》，《财经问题研究》2017年第6期。
⑤ 吴灿新：《互联网时代道德建设的优势与难题》，《广东社会科学》2016年第5期。

其次，需克服互联网"他律性"与"自律性"之间的矛盾对师德师风建设的影响。由于网络世界具有"隐蔽性、虚拟性"等诸多特点，传统师德师风建设遭遇到起他律作用的种种力量的影响，诸如家族、机关部门等在一定程度上形成了一个相对的"自由空间"，这给师德师风建设带来了巨大的挑战。"如果说在传统社会人们对道德的遵守主要是以外部力量制约、依赖道德他律的话，那么在网络上更主要是人们的道德自律在起作用。"① 因此，师德师风建设需要对传统师德师风建设中起他律作用的手段与方式进行转型与改造，实现"他律与自律结合""网络社会法律制度与自我约束结合"，这样才能将师德师风建设的理想追求变为现实进路。

---

① 谢宜辰、李建华：《论网络道德从他律到自律的转变》，《求索》2007 年第 10 期。

结　语

　　新时代背景下，全面建成社会主义现代化强国，扎实推进教育强国建设，对教师队伍建设提出了新的更高要求。2023 年 6 月，教育部部长怀进鹏在师德师风建设工作推进暨师德集中学习教育启动部署会上指出，"要把师德师风建设摆在更重要位置，切实增强广大教师为党育人、为国育才的责任感、使命感和紧迫感"①。同年 9 月，全国优秀教师代表座谈会召开，习近平总书记致信与会代表，全面深刻阐述了中国特有的教育家精神的六大丰富内涵和实践要求，并勉励广大教师以教育家为榜样，大力弘扬教育家精神，牢记为党育人、为国育才的初心使命，树立"躬耕教坛、强国有我"的志向和抱负，为教育强国建设、中华民族伟大复兴做出新的更大贡献。并着重提到，教师应既精通专业知识，做好"经师"，又涵养德行，成为"人师"。② 全面加强师德师风建设，是认清新形势、回应新期盼、应对新挑战的时代命题；是教育战线持之以恒、抓实抓严的关键大事；更是从细处入手、实处发力的系统性工程。③ 有鉴于此，以习近平新时代中国特色社会主义思想为指导，逐步建立起完备的师德师风建设制度体系和有效的师德师风建设长效机

---

① 《教育部召开师德师风建设工作推进暨师德集中学习教育启动部署会》，中华人民共和国教育部，http://www.moe.gov.cn/jyb_xwfb/gzdt_gzdt/moe_1485/202306/t20230606_1063081.html。

② 《大力弘扬教育家精神 勇担强国建设使命》，中华人民共和国教育部，http://www.moe.gov.cn/jyb_xwfb/s5148/202309/t20230911_1079583.html。

③ 《严字当头实处发力 全面加强师德师风建设》，中华人民共和国教育部，http://www.moe.gov.cn/jyb_xwfb/s5148/202306/t20230607_1063158.html。

制，是加强教师队伍建设、提升各级各类教师综合素养的必由之路。

基于对当下加强教师队伍建设教育形势的审视和思考，本研究选择了"加强师德师风建设"这一与时俱进又富有挑战的课题。以事实和依据为基础的实证研究逐渐成为我国社会科学公认的研究范式，是学术研究顺利开展的基本前提和重要保障。① 因而，本研究综合采用文献研究法和实地调查法，结合既往理论与实证研究，在对理论内涵与渊源进行历史溯源的基础上，在对我国师德师风建设历史进程进行梳理后，着力构建了蕴含初级、中级、高级三个阶段的师德、师风建设的三维理论模型，并基于此着重从认知、内容、环境三个范畴对师德师风建设的现实情状进行全方位审视，不仅考察了新时代师德师风建设的现实困境，还对阻碍师德师风建设的宏、中、微观因素组合机制进行了探寻。

首先，本研究基于教师能力和教师文化两方面，以教育制度、学校文化空间与学习共同体为建设的宏、中、微观环境，分别构建了师德、师风建设的三维理论模型，并从"历史＋前瞻"视角、"理论＋实践"层面明确了师德、师风理论模型的具体内容。其中，主要按照培育、治理、评价三个维度的接续性发展构筑了新时代加强师德建设的三维立体化模型，即"任务—管控—奖惩型模式"的师德建设初级阶段、"规范—管理—绩效型模式"的师德建设中级阶段以及"自觉—善治—发展型模式"的师德建设高级阶段。除此之外，又基于师德建设模型构建了与之相呼应的师风建设模型，师风建设理论模型会随着师德建设不断从低级阶段演进到高级阶段，整体会形成围绕师德徐徐展开的优良态势。整体来看，师德、师风建设的三维理论模型是对师德、师风建设理论的再认识、再更新与再运用，这相对于已有研究而言可谓极大的创新。

其次，从定性研究范式出发，依托师德师风建设的三维理论模型，本研究从"认知—内容—环境"三个层次、"认知—培育—治理—评价—环境"五个维度对师德师风建设的现实困境展开全景描述和全面

---

① 陈晨：《优秀本科生学习经历研究——图景、互动与收获》，博士学位论文，华东师范大学，2021。

探究。研究发现,从认知层面来看,当前师德师风建设进程中仍存在一定的认知不足,主要体现为大众看法片面与主体意识被动;从培育层面来看,当前师德师风培育体系中教育内容有学究化倾向,且教育方式有单一化趋势,二者相合,导致的则是师德师风培育流于形式、浮于表面。从治理层面来看,目前的师德师风建设处在"控制期"向"管理期"的过渡阶段,制度规范有待完善,主要表现为制度规范内容不细、落实不够两方面。从评价层面来看,当前师德师风建设的考评标准陈旧老套、考评主体单一封闭以及考评方式效率低下。从环境层面来看,外部"社会大环境"与内部"学校小环境"分别受到西方不良文化思潮、市场经济阻生因素、互联网娱乐文化等的影响,以及"轻视主义""形式主义""简单主义"等不良倾向的影响,整体建设氛围有待增强。此外,影响新时代加强师德师风建设的因素主要有宏观社会环境、中观学校管理与微观教师自身三个方面。毋庸置疑,对影响师德师风建设"五困境""三因素"的客观揭示能够为新时代优化并加强师德师风建设提供若干实证依据和有益参考。

最后,本研究基于实证研究结果,立足于理论模型中的"认知—内容—环境"三大范畴,着眼于"建设观念—建设方案—建设环境"三方面,进一步回答"新时代如何加强师德师风建设"的关键之问。一是认知层面,通过全面矫正人民对于师德师风建设的共性认知、着力树立教师对于师德师风建设的文化自觉来矫正、更新师德师风建设观念;二是内容层面,通过明晰优化建设目标、建设主体、建设内容、建设管理、建设培育、建设考评等分层推进师德师风建设方案;三是环境层面,从社会、学校、家庭、互联网等多角度出发奋力营造优良的师德师风建设环境。可以看出,新时代加强师德师风建设的实践方略不仅是对基于实证研究所发现的困境而开出的有效性处方,同时也进一步丰富了新时代教师队伍建设的理论体系。

作为一个兼具理论性和实践性的学术议题,本研究遵循理论与实证两条路线,对新时代加强师德师风建设的历史、现实与未来展开了较为翔实且细致的考察，并获得了较为丰富的研究结论。综合来看，本研究所具备的创新之处有以下两点。一方面，是学术观点的创新。本研究通过较为深入的理论探析，较为清楚、明白地阐释了师德师风建设的方方面面，尝试性地对新时代加强师德师风建设的理论模型进行构筑，并指出新时代加强师德师风建设是一个系统性、整体性工程，以此为据，由理到实，从观念、方案与环境三个层面进一步提出了新时代加强师德师风建设的实践方略。另一方面，是研究方法的创新。本研究综合应用了文献研究法、实地调查法对新时代加强师德师风建设的内涵、价值、历史、现实、未来等相关方面开展了较为全面、深入且系统的理论与实证研究，不仅可以纵向性地把握师德师风建设的内涵、历史与价值，而且可以通过构建新时代背景下的师德师风建设理论模型，横向性地把握目前师德师风建设的不足及其诱因，并提出未来的发展策略，所提出的建议与方略更具理论与现实基础。

诚然，笔者已对本研究进行了相对周全、完备的设计，但由于受到个人研究能力以及相关研究资源等方面的限制，本研究也存在诸多不足之处。一是模型验证不足。虽已基于相关研究基础，架构了与新时代相适应的加强师德师风建设的理论模型，但是师德、师风建设理论模型中的具体指标，从初级到中级再到高级阶段的细微之处仍有待商榷，且该理论模型的应用效果也有待实践的进一步检验。二是理论运用不足。本研究虽已从内涵、历史、价值等理论层面着手，较为全面地梳理了师德师风建设的内涵意蕴、理论渊源与历史进程，但是尚未系统性地将多个理论综合运用于本研究的理论分析。

久久为功，善作善成。知识在新一轮科技革命中的命运和中国独特社会历史实践的交叠是新文科自主知识体系构建的时代背景。[①] 基于此，研究者期望在后续相关研究中，能进一步夯实研究的理论基础，提升研究的理论效力，对师德师风建设的问题与成因、对策与建议等做进

---

① 高利红：《新文科自主知识体系的构建》，《社会科学文摘》2024 年第 1 期。

一步推敲与深化。同时，积极将所构建形成的师德师风建设理论模型运用于师德师风建设实践，积极验证其合理性、科学性，适时依据政策需要、现实诉求对其进行革新，增强理论模型的说服力与代表性，建立健全师德师风建设长效发展机制，以此助推师德师风建设总体目标的有效达成。此外，研究者亦将以本研究为基点，建基于学科自觉、学术自律与文化自信，继续探寻构建完整性、结构性和简洁性并存的具有中国特色的加强师德师风建设的自主知识体系，在充分把握师德师风建设的哲学基础、伦理基础、理论体系和方法体系等内容的基础上，厘清其价值之维、时间之维与空间之维，让具有中国特色的加强师德师风建设的自主知识体系"说得出""用得上""传得开""留得下""叫得响"，进而为新时代推动教育强国建设提供思想指引和理论支撑。

参考文献

一 专著

[1] 蔡辰梅：《教师职业生活中的自我认同危机》，中国社会科学出版社，2016。

[2] 曹永国：《自我的回归 大学教师自我认同的逻辑》，福建教育出版社，2019。

[3] 陈戌国点校《四书五经》，岳麓书社，1998。

[4] 陈晓明：《结构的踪迹：历史、话语与主体》，中国社会科学出版社，1994。

[5] 陈学恂：《中国近代教育文选》，人民教育出版社，2001。

[6] 《成仿吾教育文选》，教育科学出版社，1984。

[7] （汉）董仲舒：《春秋繁露》，中华书局，1991。

[8] 杜时忠：《人文教育与制度德育》，安徽教育出版社，2012。

[9] 方惠坚等：《蒋南翔传》，清华大学出版社，2013。

[10] 费孝通：《文化与文化自觉》，群言出版社，2010。

[11] 冯大明：《沟通与分享：中西教育管理领衔学者世纪汇谈》，上海教育出版社，2002。

[12] 傅淳华：《学校制度与教师道德学习》，科学出版社，2019。

[13] 高平叔：《蔡元培教育论著选》，人民教育出版社，1991。

[14] 顾明远：《中国教育的文化基础》，山西教育出版社，2004。

［15］管曙光、于桂华：《诸子集成》（第 1 册），长春出版社，2008。

［16］《管子》，北方文艺出版社，2013。

［17］何东昌：《中华人民共和国重要教育文献（1949～1975）》，海南出版社，1998。

［18］贺祖斌：《高等教育生态论》，广西师范大学出版社，2005。

［19］《赫尔巴特文集》（三），李其龙等译，浙江教育出版社，2002。

［20］《建国以来重要文献选编》（第 3 册），中央文献出版社，1992。

［21］蒋斌等：《社会科学理论模型图典》，经济管理出版社，2012。

［22］《高等学校教师职业道德修养》，北京师范大学出版社，2000。

［23］金生鈜：《规训与教化》，教育科学出版社，2004。

［24］〔捷〕夸美纽斯：《大教学论》，傅任敢译，教育科学出版社，1999。

［25］（汉）郑玄注、（唐）孔颖达疏《十三经注疏·礼记正义》中华书局，1980。

［26］李瑾瑜、柳德玉、牛震乾编《课程改革与教师角色转换》，中国人事出版社，2002。

［27］联合国教科文组织：《教育——财富蕴藏其中》，教育科学出版社，1996。

［28］梁启超：《变法通议·论师范》，陈学恂主编《中国近代教育文选》，人民教育出版社，1983。

［29］梁柱、王世儒：《蔡元培与北京大学》，山西教育出版社，1995。

［30］林崇德：《师德通览》，山东教育出版社，2000。

［31］刘一凡：《中国高等教育史略》，华中理工大学出版社，1991。

［32］刘祖汉、俞洪亮：《研究生培养立德树人研究》，南京大学出版社，2018。

［33］罗国杰：《伦理学》，人民出版社，1989。

［34］〔英〕洛克：《教育漫话》，徐大建译，上海人民出版社，2010。

［35］梅贻琦：《中国的大学》，北京理工大学出版社，2002。

［36］钱焕琦：《教师职业道德》，华东师范大学出版社，2015。

［37］瞿葆奎：《教育学文集·教师》，人民教育出版社，1991。

［38］全国普通高校"两课"教育教学调研工作领导小组组编《普通高校思想政治教育课程文献选编（1949-2003）》，中国人民大学出版社，2003。

［39］人民教育出版社教育室：《毛泽东周恩来刘少奇邓小平论教育》，人民教育出版社，1994。

［40］任钟印：《杨贤江全集》（卷1），河南教育出版社，1995。

［41］孙昌武：《朱熹选集》，上海古籍出版社，2013。

［42］孙少平、李广、林海亮：《新时期学校德育热点问题研究》，广东教育出版社，2008。

［43］孙治让：《周礼正义》（第1册），中华书局，1987。

［44］唐凯麟、刘铁芳主编《教师成长与师德修养》，教育科学出版社，2007。

［45］《陶行知全集》，四川教育出版社，2009。

［46］王炳照等：《中国教育通史中华人民共和国卷》（下），北京师范大学出版社，2013。

［47］王道俊、郭文安主编《教育学》，人民教育出版社，2016。

［48］王天一等：《外国教育史》（下册），北京师范大学出版社，2001。

［49］王树荫、王炎：《新中国思想政治教育史纲（1949—2009）》，人民出版社，2010。

［50］（明）王阳明：《传习录》，中国画报出版社，2012。

［51］《王阳明全集》，古籍出版社，1992。

［52］夏征农、陈至立：《辞海》，上海辞书出版社，2010。

［53］辛鸣：《制度论——关于制度哲学的理论构建》，人民出版社，2005。

［54］〔德〕阿尔弗雷德·许茨：《社会实在问题》，霍桂桓译，华夏出版社，2001。

［55］〔德〕雅斯贝尔斯：《什么是教育》，邹进译，生活·读书·新知

三联书店，2004。

[56] 严明：《话语共同体理论建构》，复旦大学出版社．2013。

[57] 杨伯峻：《论语译注》，中华书局，1980。

[58] 杨春茂：《师德修养培训教材——师德修养与师德建设理论与实践》，首都师范大学出版社，2014。

[59] 叶至善、叶至美、叶至诚：《叶圣陶集》（第11卷），江苏教育出版社，2004。

[60] 余玉花：《高校教师职业道德规范》，华东师范大学出版社，2013。

[61] 俞可平：《治理与善治》，社会科学文献出版社，2000。

[62] 俞克纯、沈迎选：《激励活力凝聚力——行为科学的激励理论与群体行为理论》，中国经济出版社，1988。

[63] 张乐天：《教育政策法规的理论与实践》，华东师范大学出版社，2006。

[64] 中国（双法）项目管理研究委员会：《中国项目管理知识体系》（C-PMBOK2006），电子工业出版社，2008。

[65] 《徐特立教育文集》，人民教育出版社，1986。

[66] （宋）朱熹：《四书章句集注》，中华书局，2002。

[67] 朱小蔓：《教育职场：教师的道德成长》，教育科学出版社，2004。

[68] 《左传》，中华书局，2012。

[69] 〔日〕佐藤学：《课程与教师》，教育科学出版社，1999。

[70] 《中国教育年鉴》编辑部编《中国教育年鉴2010》，人民教育出版社，2011。

[71] 〔法〕福柯：《主体解释学》，佘碧平译，上海人民出版社，2010。

[72] 任钟印选译《昆体良教育论著选》，人民教育出版社，1989。

[73] 〔美〕布卢姆等编《教育评价》，邱渊等译，华东师范大学出版社，1987。

[74] 〔美〕托马斯·萨乔万尼：《校长学：一种反思性实践观》，张虹译，上海教育出版杜，2004。

［75］〔美〕沃伦·本尼斯、〔美〕罗伯特·汤森:《重塑领导力》,方海萍等译,中国人民大学出版社,2008。

［76］〔美〕约翰·罗尔斯:《政治自由主义》,万俊人译,译林出版社,2000。

［77］〔英〕约翰·怀特:《再论教育目的》,李永宏等译,教育科学出版社,1997。

［78］〔英〕约翰·洛克:《教育漫话》,傅任敢译,人民教育出版社,1989。

［79］〔德〕O. F. 博尔诺夫:《教育人类学》,李其龙等译,华东师范大学出版社,2001。

［80］〔瑞典〕胡森:《教育大百科全书》,西南师范大学出版社,2006。

［81］Hargreaves, A. Changing teachers, *Changing Times*: *Teachers' Work and Culture in the Postmodern Age*（London: Cassell, 1944）.

［82］The Commission on Global Governance, *Our Global Neighborhood: Report of the Commission on Global Governance*（Oxford: Oxford University Press, 1995）.

二 中文期刊论文

［1］《中国互联网络发展状况统计报告》,《互联网天地》2023年第3期。

［2］柏路、包崇庆:《习近平关于师德师风重要论述的生成逻辑、内容结构及理论品格》,《思想教育研究》2021年第9期。

［3］《社会主义现代化建设的伟大方略——学习邓小平同志在全国科学大会开幕式上的讲话》,《科学·经济·社会》1983年第3期。

［4］毕诚:《中国古代师道、师德和师风》,《中国德育》2010年第4期。

［5］曹剑:《新时期师德师风建设研究》,《教育与职业》2013年第32期。

［6］曾秀芳:《毛泽东德育思想与新时期高校师德建设》,《莆田学院学

报》2002年第2期。

［7］曾雅丽：《江泽民学校德育思想探析》，《学校党建与思想教育》2011年第10期。

［8］曾钊新：《论道德需要发展的社会轨迹》，《中州学刊》1992年第4期。

［9］畅肇沁、邢曙：《陶行知师德思想体系探析》，《教育理论与实践》2021年第7期。

［10］陈宝生：《弘扬尊师重教好风尚踏实强师筑梦新步伐——写在第35个教师节》，《人民教育》2019年第18期。

［11］陈潮光：《构建高校师德建设长效机制的理论与实践》，《高教探索》2007年第2期。

［12］陈大庆：《叶圣陶的教师论》，《徐州师范学院学报》1988年第1期。

［13］陈芬萍：《中小学教师专业发展面临的困境及对策研究》，《课程·教材·教法》2007年第11期。

［14］陈桂生：《"师德"研究》，《教育研究与实验》2001年第3期。

［15］陈欢、尹杰钦：《思政课教师要成为优良师德师风的当然模范》，《中学政治教学参考》2021年第4期。

［16］陈志伟、周飞、余慧娟等：《2021中国基础教育政策分析》，《人民教育》2022年第Z1期。

［17］陈宗荣：《试论朱熹的德治思想》，《中共福建省委党校学报》2018年第9期。

［18］程红艳、陈银河：《超越纵容默许与重拳出击：师德失范行为治理的对策研究》，《中国教育学刊》2019年第2期。

［19］串冬梅：《浅议新时期教师师德的内涵》，《教育与职业》2009年第3期。

［20］丛玉燕：《大五人格因素模型视域下的家庭教育路径研究》，《教育理论与实践》2023年第7期。

[21] 〔美〕大卫·K. 科恩、〔美〕苏珊·L. 莫菲特、〔美〕西蒙娜·戈尔丁:《政策和实践的困境》(上),《华东师范大学学报》(教育科学版) 2010 年第 3 期。

[22] 戴双翔:《师德培训的核心原则:激发与传递感染力》,《教育科学研究》2016 年第 3 期。

[23] 邓双喜:《论王夫之教师观》,《湖南师范大学社会科学学报》2010 年第 4 期。

[24] 邓涛、鲍传友:《教师文化的重新理解与建构——哈格里夫斯的教师文化观述评》,《外国教育研究》2005 年第 8 期。

[25] 邓雅珺、袁梅:《铸牢中华民族共同体意识教育的"联享"平台构建》,《教育学术月刊》2021 年第 10 期。

[26] 邸燕茹:《新时代高校师德建设研究》,《思想理论教育导刊》2018 年第 4 期。

[27] 杜晓利:《富有生命力的文献研究法》,《上海教育科研》2013 年第 10 期。

[28] 段晓芳、戴贝钰:《高校师德建设与大学生思想政治教育相关度研究》,《学校党建与思想教育》2016 年第 5 期。

[29] 冯铁山:《论邓小平教师形象塑造思想》,《教育探索》2005 年第 3 期。

[30] 冯永刚:《"道德可教性"的限度及其制度保障》,《西北师大学报》(社会科学版) 2012 年第 4 期。

[31] 傅淳华、杜时忠:《教师道德学习的组织困境及其超越——学校组织道德学习的视角》,《教育科学》2020 年第 4 期。

[32] 傅淳华、杜时忠:《论教师道德学习的影响因素》,《中国教育学刊》2018 年第 4 期。

[33] 甘剑梅:《教师应该是道德家吗——关于教师道德的哲学反思》,《教育研究与实验》2003 年第 3 期。

[34] 高启明:《管理缺失对高校师德师风建设的影响及对策解析》,

《教育探索》2015 年第 1 期。

[35] 格里·斯托克、华夏风:《作为理论的治理:五个论点》,《国际社会科学杂志》(中文版) 2019 年第 3 期。

[36] 顾成敏:《胡锦涛论教育初探》,《学校党建与思想教育》2010 年第 30 期。

[37] 顾杰、陈东洋:《加强高校师德师风建设刍议》,《学校党建与思想教育》2022 年第 10 期。

[38] 《关于加强高等学校思想政治工作队伍建设的意见》(文件摘编),《高教战线》1985 年第 3 期。

[39] 管秀雪:《习近平师德师风建设重要论述的核心要义与价值意蕴》,《中学政治教学参考》2022 年第 28 期。

[40] 桂成伟:《基于互联网思维的学校管理转型》,《中小学管理》2023 年第 1 期。

[41] 郭勤英:《新常态下高职院校师德师风评价机制的评析与重建》,《教育与职业》2018 年第 1 期。

[42] 郭中华:《文化回应型教师培育的国际经验和镜鉴》,《当代教育科学》2021 年第 5 期。

[43] 韩国海:《大学师德建设的内涵价值、现实困境与路径选择》,《现代教育管理》2021 年第 12 期。

[44] 韩泽春、王秋生:《社会主义核心价值体系视域下的高校师德师风建设》,《新疆师范大学学报》(哲学社会科学版) 2013 年第 3 期。

[45] 瀚青、范玉凤:《徐特立师道理论研究》,《河北师范大学学报》(教育科学版) 2009 年第 5 期。

[46] 郝文清:《论教师道德的底线》,《齐鲁学刊》2010 年第 5 期。

[47] 何涛、潘志勇:《发展性教师评价研究》,《教育与职业》2008 年第 9 期。

[48] 和震、王羽菲、柳超:《我国职业学校师德师风建设的现状与对

策》，《现代教育管理》2022 年第 11 期。

[49] 呼中陶、刘捷：《建国 50 年高校教师队伍建设的回顾与思考》，《北京师范大学学报》（社会科学版）1999 年第 6 期。

[50] 黄碧泉：《论高校教师灵魂的公正——读〈理想国〉有感》，《法制与社会》2007 年第 8 期。

[51] 黄莉：《育人的根本在于立德》，《红旗文稿》2023 年第 2 期。

[52] 黄一玲、焦连杰、程世勇：《网络文化"泛娱乐化"背景下的社会主义核心价值观认同培育》，《湖北社会科学》2016 年第 11 期。

[53] 贾本乾：《论毛泽东的抗战教育思想及其现实意义》，《毛泽东思想研究》1993 年第 1 期。

[54] 《建设部关于加强部属高等学校学生思想政治工作的意见》，《高等建筑教育》1990 年第 3 期。

[55] 蒋艳艳：《互联网时代公民道德的生成逻辑》，《社会科学家》2016 年第 11 期。

[56] 《教育部等七部门印发〈关于加强和改进新时代师德师风建设的意见〉的通知》，《中华人民共和国教育部公报》2019 年第 12 期。

[57] 《教育部召开推进教师队伍建设工作调度会》，《中国电力教育》2023 年第 1 期。

[58] 《教育部制定出台〈关于建立健全高校师德建设长效机制的意见〉》，《现代教育》2014 年第 10 期。

[59] 金昕、王丹彤：《高校师德制度建设的问题与出路》，《思想理论教育导刊》2016 年第 3 期。

[60] 靳伟、李肖艳、刘乔卉等：《论师德学习的内涵建构》，《教师教育研究》2021 年第 1 期。

[61] 康宁、李亮：《利益相关者理论视域下高职院校师德师风建设路径反思与再设计》，《职教论坛》2023 年第 1 期。

[62] 黎平辉、郭文：《社会转型期我国师德师风内涵的再界定》，《现代教育科学》2011 年第 3 期。

［63］黎琼锋：《从规约到自律：教师专业道德的建构》，《教育发展研究》2007 年第 1 期。

［64］李斌：《关于教师能力结构的分析研究》，《江苏教育学院学报》（社会科学版）2005 年第 6 期。

［65］李大健：《论高校隐性课程的建设》，《中国大学教学》2008 年第 11 期。

［66］李刚：《新时代师德师风建设视角下的课堂育德》，《思想理论教育》2021 年第 7 期。

［67］李国栋、姚章新：《扬雄〈法言〉中的君子观》，《文学教育》（下）2022 年第 12 期。

［68］李化树：《论邓小平的人民教师观》，《中国教育学刊》2004 年第 9 期。

［69］李建军：《传统师德理论的教育实践及现代意义》，《苏州大学学报》（哲学社会科学版）2004 年第 6 期。

［70］李力、金昕：《新时代高校立德树人的内涵、难点及实现路径》，《东北师大学报》（哲学社会科学版）2019 年第 2 期。

［71］李敏、檀传宝：《师德崇高性与底线师德》，《课程·教材·教法》2008 年第 6 期。

［72］李其维：《"认知革命"与"第二代认知科学"刍议》，《心理学报》2018 年第 12 期。

［73］李清雁：《师德建设研究的现状、问题与展望》，《河北师范大学学报》（教育科学版）2009 年第 8 期。

［74］李盛兵：《新加坡教师教育：模式的变革与创新》，《华南师范大学学报》（社会科学版）2022 年第 3 期。

［75］李文君：《高校教师职业道德规范解读》，《教育与职业》2012 年第 7 期。

［76］李西顺：《教师专业道德建构——以王阳明"致良知"学说为分析工具》，《教育研究》2022 年第 1 期。

[77] 李晓红：《教师教育者的文化人格》，《当代教师教育》2014 年第 4 期。

[78] 李新翠：《新时代师德建设的现实困境及其突围》，《当代教育科学》2020 年第 4 期。

[79] 栗智宽、俞良早：《党的自我革命制度规范体系：内容结构、效能优势与完善路向》，《学习与实践》2023 年第 2 期。

[80] 梁德东：《构建高校师德师风建设常态化长效化机制》，《人民论坛》2022 年第 4 期。

[81] 梁树发、赵丹蕾：《关于马克思主义发展主体及其类型》，《教学与研究》2021 年第 12 期。

[82] 刘岸冰：《新中国成立初期高等学校的主流意识形态建设探析》，《上海党史与党建》2020 年第 4 期。

[83] 刘柏清：《高校师德师风建设的途径分析》，《黑龙江高教研究》2009 年第 2 期。

[84] 刘博：《韦伯、帕森斯、吉登斯社会行动理论之比较》，《社科纵横》（新理论版）2010 年第 4 期。

[85] 刘冬梅、张亚莉：《教育权利与义务的冲突与平衡》，《河南师范大学学报》（哲学社会科学版）2017 年第 2 期。

[86] 刘剑虹：《试论蔡元培和梅贻琦的大学教师观》，《华东师范大学学报》（教育科学版）1998 年第 1 期。

[87] 刘黎明：《夸美纽斯的人学思想及其教育学意蕴》，《武汉科技大学学报》（社会科学版）2021 年第 4 期。

[88] 刘莉：《苏格拉底如何做教师——〈普罗塔戈拉〉开篇释义》，《华东师范大学学报》（教育科学版）2017 年第 6 期。

[89] 刘铁芳、孙意远：《儿童何以成为整全的生命：儿童教育的意蕴及其实现》，《湖南师范大学教育科学学报》2020 年第 4 期。

[90] 刘铁芳：《你就是你的教育学：教师的自我修炼》，《教育发展研究》2018 年第 8 期。

［91］ 刘志礼、韩晶晶：《新时代高校师德师风建设：内涵意蕴、现实困境及破解之道》，《现代教育管理》2020 年第 9 期。

［92］ 刘作翔：《当代中国的规范体系：理论与制度结构》，《中国社会科学》2019 年第 7 期。

［93］ 娄丽景、付天军、韩文光：《多元文化背景下社会主义核心价值观文化认同的话语建构与实践》，《兰州学刊》2016 年第 4 期。

［94］ 楼世洲：《高校教师岗前培训制度化的理论与实践研究》，《高等师范教育研究》1999 年第 2 期。

［95］ 卢彩晨：《高等教育学体系建设：主体、客体及路径》，《江苏高教》2020 年第 12 期。

［96］ 卢正芝、洪松舟：《我国教师能力研究三十年历程之述评》，《教育发展研究》2007 年第 2 期。

［97］ 鲁洁：《边缘化 外在化 知识化——道德教育的现代综合症》，《教育研究》2005 年第 12 期。

［98］ 陆茂清：《蔡元培在北大筹建"进德会"》，《传承》2010 年第 25 期。

［99］ 吕狂飚：《警惕从崇高师德简单转向底线师德》，《中国教育学刊》2018 年第 11 期。

［100］ 吕增艳：《成仿吾师德师风建设理论、实践及其当代价值》，《北华大学学报》（社会科学版）2022 年第 1 期。

［101］ 马娟、陈旭、赵慧：《师德发展的影响因素及其作用机制》，《教师教育研究》2004 年第 6 期。

［102］ 孟繁华：《教育管理决策环境模型》，《首都师范大学学报》（社会科学版）2002 年第 1 期。

［103］ 孟繁华、袁梅：《新时代培育—治理—评价（CGE）师德建设三维模型》，《教育学报》2021 年第 5 期。

［104］ 苗睿岚：《处境危机：教师职业道德改进的制度陷阱》，《教育评论》2017 年第 6 期。

［105］《〈面向21世纪教育振兴行动计划〉的主要目标和内容》，《人民教育》1999年第1期。

［106］穆惠涛、张富国：《新时代我国教师队伍师德内化的突破口与实现路径——基于教师职业责任分析的视角》，《现代教育管理》2019年第4期。

［107］钱广荣：《为师当自尊：师德师风建设的立足点》，《思想理论教育》2018年第11期。

［108］秦小红：《当前高校师德师风建设刍议》，《西南农业大学学报》（社会科学版）2006年第1期。

［109］邱哲：《用邓小平教育思想指导师德建设》，《教育探索》2003年第11期。

［110］曲晶：《国外教师职业道德规范建设概况及启示》，《黑龙江科学》2017年第16期。

［111］任斌、赵世荣：《胡锦涛教育思想初探》，《学校党建与思想教育》2009年第3期。

［112］《三部门要求各高校加强高校青年教师思想政治工作》，《中国地质教育》2013年第2期。

［113］沈壮海：《教师思想政治与师德师风关系综论》，《教育研究》2022年第10期。

［114］石帮宏、石中英：《论"师者，所以传道授业解惑也"》，《高等师范教育研究》2002年第6期。

［115］石载：《教育部出台〈关于建立健全中小学师德建设长效机制的意见〉》，《现代特殊教育》2013年第10期。

［116］石中英：《教育信仰与教育生活》，《清华大学教育研究》2000年第2期。

［117］史晓东：《以师德师风建设提升大学生思想政治教育质量》，《教育理论与实践》2015年第36期。

［118］苏国红、李卫华、吴超：《习近平"立德树人"教育思想的主要

内涵及其实践要求》,《思想理论教育导刊》2018 年第 3 期。

[119] 苏寄宛:《加强新时代高校师德师风建设的思考》,《中国高等教育》2021 年第 24 期。

[120] 眭依凡:《大学内涵式发展:关于高质量高等教育体系建设路径选择的思考》,《江苏高教》2021 年第 10 期。

[121] 眭依凡、汤谦凡:《我国高校社会服务 30 年发展实践研究》,《中国高教研究》2008 年第 11 期。

[122] 孙抱弘:《社会环境·接受图式·养成途径——关于青少年素质养成机制的跨学科思考》,《当代青年研究》2001 年第 6 期。

[123] 孙海林:《毛泽东的教师生涯》,《人民教育》1993 年第 10 期。

[124] 孙泊:《论传统道德修养模式的现代转型》,《广西社会科学》2016 年第 11 期。

[125] 孙秀玲:《争做新疆"四好"老师的当下价值》,《新疆师范大学学报》(哲学社会科学版)2016 年第 3 期。

[126] 檀传宝:《爱的解释及其教育实现——孔子的"仁"与诺丁斯的"关怀"概念之比较》,《教育研究》2019 年第 2 期。

[127] 檀传宝:《论教师"职业道德"向"专业道德"的观念转移》,《教育研究》2005 年第 1 期。

[128] 唐爱民:《道德成长:教师教育不能遗失的伦理维度》,《课程·教材·教法》2010 年第 2 期。

[129]《特殊教育学校暂行规程》,《现代特殊教育》1999 年第 7 期。

[130] 田爱丽:《我国高校师德师风建设的回顾与展望》,《黑龙江高教研究》2010 年第 12 期。

[131] 田春园:《高校思想政治理论课教师师德师风建设的问题及对策研究》,《教育与职业》2011 年第 15 期。

[132] 田克勤:《中国特色社会主义新时代内涵的多维思考》,《马克思主义理论学科研究》2018 年第 2 期。

[133] 田毅鹏、吕方:《社会原子化:理论谱系及其问题表达》,《天津

社会科学》2010年第5期。

[134] 田友谊、张书:《论教师的教育信仰:价值、结构及生成机制》,《江汉学术》2014年第6期。

[135] 王定华:《新时代我国教师队伍建设的形势与任务》,《教育研究》2018年第3期。

[136] 王高贺:《教师视角中的高校师生沟通》,《教育评论》2013年第3期。

[137] 王继红、匡淑平:《新时代高校师德师风建设的现实挑战与优化策略》,《思想理论教育》2020年第5期。

[138] 王建峰:《师生互动理论及其现实有效性问题研究》,《河南社会科学》2012年第6期。

[139] 王鉴、张盈盈:《新时代我国教师教育高质量发展的逻辑与路径》,《重庆高教研究》2023年第1期。

[140] 王金平:《胜任力视域下高校辅导员师德师风的建设范式研究》,《黑龙江高教研究》2017年第10期。

[141] 王凌超:《中美高校师德制度建设的历程与特点比较》,《教师教育论坛》2019年第5期。

[142] 王露璐:《高校教师师德问题研究综述》,《道德与文明》2006年第1期。

[143] 王素月、罗生全、赵正:《教师道德的多层次发展逻辑及其结构模型》,《教育研究》2019年第10期。

[144] 王小梅:《以人为本 推进新时期师德建设——学习〈教育部关于进一步加强和改进师德建设的意见〉的认识与思考》,《中国高教研究》2005年第1期。

[145] 王晓莉、卢乃桂:《当代师德研究的省思:与国外教学道德维度研究的比较》,《外国教育研究》2011年第6期。

[146] 王新清:《从"好老师"到"大先生":高校师德师风建设的基本路径》,《中国高教研究》2021年第9期。

［147］ 王雪英、苗培周：《论毛泽东的教师思想及其现实意义》，《教育探索》2010 年第 2 期。

［148］ 王毅磊、王鹏、丁志强、郑秀明、李莹：《高校师风评价体系的构建与应用》，《教育探索》2016 年第 3 期。

［149］ 王颖：《国外培养教师职业道德的做法和启示》，《社科纵横》（新理论版）2010 年第 4 期。

［150］ 王颖、王毓珣：《师德师风建设：概念辨识及行动要义》，《教师发展研究》2021 年第 2 期。

［151］ 王毓珣：《师德分层：师德建设中一个值得重视的问题》，《中国教育学刊》2004 年第 12 期。

［152］ 王正平：《澄清理念和改善政策是师德治理的根本维度》，《探索与争鸣》2014 年第 4 期。

［153］ 魏斌：《高校青年教师师德师风建设内外因分析研究》，《教育探索》2011 年第 5 期。

［154］ 文华：《全国中小学德育工作会议综述》，《课程·教材·教法》1997 年第 8 期。

［155］ 吴灿新：《互联网时代道德建设的优势与难题》，《广东社会科学》2016 年第 5 期。

［156］ 吴洪成、秦俊巧：《传递人类文明的火炬手——从十七大解读杨贤江的教师观》，《河北师范大学学报》（教育科学版）2008 年第 9 期。

［157］ 吴洪成：《近代教育家梁启超的师范教育思想探析》，《教师教育研究》2010 年第 2 期。

［158］ 吴坚：《市场经济对高校改革发展的正负面影响》，《港澳经济》1997 年第 11 期。

［159］ 吴明永：《高校青年教师师德师风建设环境优化探析》，《中国成人教育》2010 年第 6 期。

［160］ 席梅红、万小羽：《新时代加强中小学师德师风建设的挑战与路

径》，《广东第二师范学院学报》2022 年第 1 期。

[161] 夏湘远：《义务·良心·自由：道德需要三层次》，《求索》2000 年第 3 期。

[162] 项红专：《文化育人：背景、意涵与路径》，《教育科学研究》2018 年第 8 期。

[163] 肖贵清：《做无愧于新时代思想政治理论课的"大先生"——学习习近平总书记在中国人民大学考察时的重要讲话精神》，《河北大学学报》（哲学社会科学版）2022 年第 5 期。

[164] 谢娜：《漫话中的"教师观"——读洛克〈教育漫话〉有感》，《语文建设》2016 年第 21 期。

[165] 谢延龙：《教师道德发展的身体沉沦与救赎》，《当代教育与文化》2019 年第 1 期。

[166] 谢宜辰、李建华：《论网络道德从他律到自律的转变》，《求索》2007 年第 10 期。

[167] 辛世俊：《当代人学的责任：对市场经济负面效应的批判》，《郑州大学学报》（哲学社会科学版）2012 年第 1 期。

[168] 辛未、姬冰澌：《师德概念研究述评》，《上海教育科研》2018 年第 9 期。

[169] 徐荟华：《高校师德师风研究的热点内容分析》，《江苏高教》2019 年第 12 期。

[170] 闫长生、苍翠、汤洪庆：《江泽民的教师观探析》，《黑龙江高教研究》2002 年第 6 期。

[171] 燕志华：《典型报道中的"道德压力"》，《传媒观察》2008 年第 1 期。

[172] 杨建云、王卓：《论教师发展性评价与奖惩性评价的关系》，《中国教育学刊》2003 年第 1 期。

[173] 杨丽丽、王毅：《基于现象学还原方法的教师道德学习问题研究》，《呼伦贝尔学院学报》2022 年第 2 期。

［174］ 杨胜才：《高校师德师风建设应着眼于"四个统一"》，《学校党建与思想教育》2018 年第 2 期。

［175］ 姚昌、张晓波：《高校青年教师师德现状透析》，《学校党建与思想教育》2015 年第 23 期。

［176］ 叶兆麒：《关于教育思想上两条道路斗争的几个问题——1958 年12 月 2 日在全院大会上关于学习中共中央、国务院"关于教育工作的指示"的总结报告》，《财经科学》1959 年第 1 期。

［177］ 叶子、庞丽娟：《师生互动的本质与特征》，《教育研究》2001 年 4 期。

［178］ 伊塔马·埃文-佐哈尔、张南峰：《多元系统论》，《中国翻译》2002 年第 4 期。

［179］ 于晓红、许纪倩：《大学教师要重视自身的修养》，《中国高等教育》2005 年第 Z3 期。

［180］ 俞可平：《全球治理引论》，《马克思主义与现实》2002 年第 1 期。

［181］ 袁进霞：《高校师德师风存在的问题及对策》，《学校党建与思想教育》2017 年第 4 期。

［182］ 张红专：《加强师德建设的系统思考》，《湖南社会科学》2008 年第 4 期。

［183］ 张洪华、刘新钰、郑辰：《职业学校师德师风建设：内涵、问题与对策》，《职教论坛》2021 年第 11 期。

［184］ 张巨成：《大学是什么?》，《读书》1995 年第 5 期。

［185］ 张俊友：《客观对待教师绩效评价和发展性教师评价》，《教育学报》2007 年第 1 期。

［186］ 张凌洋、易连云：《专业化视域下的教师专业道德建设》，《教育研究》2014 年第 4 期。

［187］ 张齐武、徐燕雯：《网络空间核心价值观安全问题研究——基于自由与秩序视角》，《财经问题研究》2017 年第 6 期。

[188] 张荣、王一茹、安宁：《师德建设的价值与途径》，《中学政治教学参考》2015 年第 24 期。

[189] 张维静、张春雷：《新时代高校师德师风建设：内涵特征·现实困境·实践路径》，《中学政治教学参考》2022 年第 8 期。

[190] 张晓能：《新时期师德师风建设的路径》，《中学政治教学参考》2019 年第 30 期。

[191] 赵炳辉：《教师文化与教师专业成长》，《教师教育研究》2006 年第 4 期。

[192] 赵俊芳：《新中国成立以来我国高校人事制度回溯及评价》，《中国高教研究》2019 年第 8 期。

[193] 赵庆典：《我国高校教师职务制度 50 年回顾与展望》，《江苏高教》2000 年第 2 期。

[194] 赵晓艳：《试论杜威的教师观及其对教学改革的启示》，《西北民族大学学报》（哲学社会科学版）2005 年第 5 期。

[195] 郑巧、肖文涛：《协同治理：服务型政府的治道逻辑》，《中国行政管理》2008 年第 7 期。

[196] 郑晓东、肖军霞：《新形势下高校师德师风建设的时代价值与实践路径》，《思想理论教育导刊》2019 年第 8 期。

[197] 钟志贤：《知识建构、学习共同体与互动概念的理解》，《电化教育研究》2005 年第 11 期。

[198] 周宏武、余宙：《做好新时代高校师德师风考核的策略探析》，《中国高等教育》2022 年第 2 期。

[199] 周杰：《从文化视角谈高校师德师风建设》，《高等农业教育》2012 年第 8 期。

[200] 周玲玲、姚耿东：《中小学教师亚健康危险因素问卷调查》，《中国职业医学》2005 年第 4 期。

[201] 周强：《新时代高校教师师德建设长效机制构建》，《中国高等教育》2019 年第 23 期。

［202］ 周湘林：《建立问责制度体系促进科研诚信建设——以〈高等学校预防与处理学术不端行为办法〉为例》，《中国高校科技》2019年第 Z1 期。

［203］ 周晓红：《我国政策监控存在的问题及对策分析》，《黑龙江教育学院学报》2006 年第 4 期。

［204］ 周晓丽、马晓东：《公民参与：公共政策合法性的路径选择》，《理论探讨》2005 年第 4 期。

［205］ 朱旭东：《论教师专业发展的理论模型建构》，《教育研究》2014年第 6 期。

［206］ 朱炎军：《中国共产党领导高校教师队伍建设的发展历程与逻辑理路》，《教师教育学报》2022 年第 2 期。

三 英文期刊论文

［1］ Alenizi，"MAK. Professional Ethics and its Relationship with Emotional Intelligence and Effective Teaching：A Case of Saudi Arabia，" *Journal of Educational Sciences & Psychology* 8（2018）.

［2］ Al-Hothali M. H.，"Ethics of the Teaching Profession Among Secondary School Teachers from School Leaders' Perspective in Riyadh，" *International Education Studies*（11）2018.

［3］ Colnerud G.，"Teacher Ethics as a Research Problem：Syntheses Achieved and New Issues，" *Teachers and Teaching* 12（2006）.

［4］ Erdem R. A.，Şimşek S.，"Evaluation of Teacher Professional Ethics，" *Adıyaman Üniversitesi Sosyal Bilimler Enstitüsü Dergisi* 15（2013）.

［5］ Godlove L.，"Teacher Ethics in the Tanzanian Context and Their Implications，" *Teaching and Teacher Education* 120（2022）.

［6］ Hatzilacou D.，Kallis G.，Mexa A.，et al.，"Scenario Workshops：A Useful Method for Participatory Water Resources Planning?，" Water Resources Research（2007）.

[7] Hee. L., "The Relationship Between Teacher Ethics Consciousness, Professional Development Level, and Job Stress in Early Childhood Teacher," *Korean Association For Learner-Centered Curriculum And Instruction* 18 (2018).

[8] Lishchinsky-S O., "The Implicit Meaning of TIMSS: Exploring Ethics in Teachers' Practice," *Teaching and Teacher Education* 79 (2019).

[9] Malone, "Ethics Education in Teacher Preparation: a Case for Stakeholder Responsibility," *Ethics and Education* 15 (2020): 77-97.

[10] Maphosa, Bhebhe, Dziva, "Interrogating the Significance of Professionalism and Professional Ethics in the Teaching Profession" *Journal of Sociology and Social Anthropology* 6 (2015).

[11] Mitashree Tripathy, "Virtue ethics: A Companion to Preserve Dignity in Teaching Profession," *International Journal of Ethics Education* 5 (2020): 115-122.

[12] Naaz I., "A Study of Teacher Education Institute Climate and Professional Ethics of Teacher-Trainees," *Journal of Teacher Education and Research* 10 (2015).

[13] Pandey C., "Professional Ethics and Teachers," Zenith *International Journal of Multidisciplinary Research* 6 (2016).

[14] Park H., Hill B R., "Development of the Korean Teachers' occupational Work Ethic Scale: its Factor Structure, Validity and Reliability," *Asia Pacific Education Review*, 2020.

[15] Tezcan G., Guvenc, "H. Middle School Teachers' Professional Ethical Dilemmas," *Pamukkale Universitesi Egitim Fakultesi Dergisi-Pamukkale University Journal of Education* 49 (2020).

[16] Walters S., Heilbronn R., Daly C., "Ethics Education in Initial Teacher Education: Pre-service Provision in England," *Professional Development in Education* 44 (2018).

［17］ Xajibaevna N. E. ，"Ethics in Teaching Profession," *Asian Journal of Multidimensional Research* 10 （2021）.

［18］ Ye W. ，Law W. ，"Pre-service Teachers' Perceptions of Teacher Morality in China," *Teaching and Teacher Education* 86 （2019）.

［19］ Yuan Li. ，"Reflections on the Construction of New Mechanism of Teachers' Ethics in Colleges and Universities in the Information Age," *International Conference on Management*，*Education and Information* 9 （2019）.

［20］ Yuanyuan T. ，"Research and Practice on Online Evaluation Model of Teachers' Ethics and Style in Higher Vocational Colleges in the New Era—Take E-commerce Major as an Example," *SHS Web of Conferences*，2023.

［21］ Zhu Y. ，Guo M. ，"Influence of Differential Leadership on Teachers' Professional Ethics：an Empirical Study from Chinese Universities ［J］. Asia Pacific Education Review，2021.

［22］ Zongyi Deng，Gopinathan S. ，"Continuity and Change in Conceptual Orientations for Teacher Preparation in Singapore：Challenging Teacher Preparation as Training," *Asia-pacific Journal of Teacher Education and Development* 31 （2003）：53.

四　硕博论文

［1］ 常大伟：《国家治理现代化视阈下我国档案治理能力建设研究》，博士学位论文，武汉大学，2019。

［2］ 陈晨：《优秀本科生学习经历研究——图景、互动与收获》，博士学位论文，华东师范大学，2021。

［3］ 陈吉鄂：《思想政治理论课教师践行"四个统一"师德观研究》，博士学位论文，吉林大学，2018。

［4］ 冯思宇：《中学师德师风建设研究——以重庆市铜梁 B 中学为例》，

硕士学位论文，重庆师范大学，2019。

[5] 甘艳：《社会主义道德建设视域中的高校青年教师师德建设研究》，博士学位论文，华中师范大学，2016。

[6] 葛薇：《改革开放以来中国共产党中小学师德师风建设思想研究》，硕士学位论文，陕西师范大学，2021。

[7] 谷丽：《新时代高校师德师风建设研究》，硕士学位论文，安庆师范大学，2022。

[8] 顾志红：《新课程的教师培育——以苏州市 W 区为例》，硕士学位论文，华东师范大学，2003。

[9] 李方安：《论教师培育研究》，博士学位论文，华东师范大学，2008。

[10] 陆娟：《陶行知师德养成理论及其当代价值研究》，硕士学位论文，南京林业大学，2016。

[11] 彭琛琛：《新时代我国高校师德师风建设研究》，硕士学位论文，西北师范大学，2020。

[12] 石长林：《中国教师政策研究——基于教育政策内容的视角》，博士学位论文，华中师范大学，2005。

[13] 王家军：《学校管理伦理论纲》，博士学位论文，南京师范大学，2006。

[14] 吴小艳：《新时代上海高校师德师风建设研究》，硕士学位论文，上海外国语大学，2021。

[15] 徐世亮：《习近平关于师德师风建设重要论述研究》，硕士学位论文，东北师范大学，2022。

[16] 闫智勇：《现代职业教育体系建设目标研究》，博士学位论文，天津大学，2013。

[17] 张艳：《高校教师思想政治教育研究》，博士学位论文，西南大学，2013。

[18] 郑魏静：《当前我国高校师德师风建设研究》硕士学位论文，西

南财经大学，2012。

五　报纸文章

［1］《习近平在全国教育大会上强调 坚持中国特色社会主义教育发展道路 培养德智体美劳全面发展的社会主义建设者和接班人》，《人民日报》2018 年 9 月 11 日。

［2］《用新时代中国特色社会主义思想铸魂育人 贯彻党的教育方针落实立德树人根本任务》，《人民日报》2019 年 3 月 19 日，第 1 版。

［3］《实施科教兴国战略 大力推进教育创新》，《人民日报》2002 年 9 月 9 日。

［4］《庆祝教师节暨纪念〈教师法〉颁布十周年座谈会在京举行》，《光明日报》2003 年 9 月 11 日。

［5］李长春：《在邓小平生平和思想研讨会上的讲话》，《人民日报》2004 年 8 月 25 日。

［6］《努力办好让人民满意的教育》，《人民日报》2007 年 9 月 4 日，第 1 版。

［7］《中共中央 国务院印发〈国家中长期教育改革和发展规划纲要（2010—2020 年）〉》，《人民日报》2010 年 7 月 30 日，第 13 版。

［8］《习近平向全国广大教师致慰问信》，《人民日报》2013 年 9 月 10 日，第 1 版。

［9］《百年大计 教育为本》，《中国教育报》2013 年 9 月 12 日，第 1 版。

［10］焦新：《严禁收受礼品礼金 确保教师廉洁从教》，《中国教育报》2014 年 7 月 15 日，第 1 版。

［11］习近平：《在纪念邓小平同志诞辰 110 周年座谈会上的讲话》，《人民日报》2014 年 8 月 21 日，第 2 版。

［12］习近平：《做党和人民满意的好老师》，《人民日报》2014 年 9 月 10 日，第 2 版。

［13］《中共中央 国务院举行春节团拜会》，《人民日报》2015 年 2 月

18 日，第 1 版。

[14]《习近平给"国培计划（二〇一四）"北师大贵州研修班参训教师回信》，《人民日报》2015 年 9 月 10 日，第 1 版。

[15]《把思想政治工作贯穿教育教学全过程 开创我国高等教育事业发展新局面》，《人民日报》2016 年 12 月 9 日，第 1 版。

[16]《习近平对黄大年同志先进事迹作出重要指示》，《人民日报》2017 年 5 月 26 日，第 1 版。

[17]《中共中央 国务院关于全面深化新时代教师队伍建设改革的意见》，《人民日报》2018 年 2 月 1 日，第 1 版。

[18] 习近平：《在北京大学师生座谈会上的讲话》，《人民日报》2018 年 5 月 3 日，第 2 版。

[19]《坚持中国特色社会主义教育发展道路 培养德智体美劳全面发展的社会主义建设者和接班人》，《人民日报》2018 年 9 月 11 日，第 1 版。

[20]《中共中央 国务院印发〈中国教育现代化 2035〉》，《人民日报》2019 年 2 月 24 日，第 1 版。

[21]《中共中央 国务院印发深化新时代教育评价改革总体方案》，《人民日报》2020 年 10 月 14 日，第 1 版。

[22] 习近平：《在庆祝中国共产党成立 100 周年大会上的讲话》，《人民日报》2021 年 7 月 2 日，第 2 版。

[23] 习近平：《高举中国特色社会主义伟大旗帜 为全面建设社会主义现代化国家而团结奋斗——在中国共产党第二十次全国代表大会上的报告》，《人民日报》2022 年 10 月 26 日，第 1 版。

附录 访谈提纲

敬爱的老师：

您好！非常感谢您在百忙之中抽空接受我的访谈，您的每一句回答都将成为本研究报告的写作基础。本研究旨在了解新时代师德师风建设的现实情状，请您针对每一个问题，尽可能给出详尽的回答、说出您的真实感受。答案本身无对错之分、仅作研究之用，我郑重承诺为您的回答保密。真诚感谢您的配合！

一 教师个人基本信息

包括受访人员编号、所属学校类型、性别、年龄、所属学科门类等。

二 问题单

1. 能否谈谈您对师德师风建设的一些认识和看法？

2. 您认为您在师德师风建设方面做得如何？您如何评价自己的表现？

3. 目前您所在学校师德师风建设的实际情况是什么样的？您如何评价？

4. 您所在学校师德师风建设有哪些成就与经验？

5. 对于您所在学校教师队伍师德师风建设体系，您认为是否存在不合理、不全面之处？具体表现为哪些方面？

6. 您认为是什么因素影响了您所在学校的师德师风建设成效？这些因素是如何影响的？

7. 您希望您所在学校对于教师队伍的师德师风建设进行哪些方面的改进？具体可以怎么做？

8. 关于新时代加强师德师风建设方面，您是否还有一些别的想法或建议？还有其他需要补充的吗？

"新时代加强师德师风建设的理论模型与实践方略研究"调查组

2022 年 9 月 1 日

图书在版编目（CIP）数据

新时代加强师德师风建设的理论模型与实践方略 /
袁梅，孟繁华著 . --北京：社会科学文献出版社，
2025.5（2025.9 重印）. --ISBN 978-7-5228-4651-4

Ⅰ . G645.16

中国国家版本馆 CIP 数据核字第 2025RR4477 号

新时代加强师德师风建设的理论模型与实践方略

著　　者／袁　梅　孟繁华

出 版 人／冀祥德
责任编辑／王　展
责任印制／岳　阳

出　　版／社会科学文献出版社
　　　　　地址：北京市北三环中路甲 29 号院华龙大厦　邮编：100029
　　　　　网址：www. ssap. com. cn
发　　行／社会科学文献出版社（010）59367028
印　　装／唐山玺诚印务有限公司

规　　格／开　本：787mm×1092mm　1/16
　　　　　印　张：13.5　字　数：195 千字
版　　次／2025 年 5 月第 1 版　2025 年 9 月第 2 次印刷
书　　号／ISBN 978-7-5228-4651-4
定　　价／88.00 元

读者服务电话：4008918866